高等职业教育新形态系列教材

# 大学生职业发展与就业指导

徐莉君 曲海洲 主编
郑燕妮 张婷 施炯炯 副主编
陈晓光 徐波礼 陈成梦 耿磊 参编

本书深入贯彻落实党的二十大精神，传承中华优秀传统文化，同时结合高职院校学生的特点和困惑，采用项目引领下的任务驱动型方式，让学生沉浸式模拟体验职场活动。

本书分为 8 个项目，共 24 个任务，分别是认识职业生涯规划、认知自我、探索职业世界、确定职业生涯决策与行动计划、撰写职业生涯发展报告、了解就业形势与流程、提升职业素养与能力、掌握求职技巧。内容深入浅出，注重基本方法和原理的传授，更注重实践性，有助于提升学生的职业规划与就业创业能力。

本书可作为高等职业教育专科和本科"职业发展与就业指导"课程的教材，也可作为广大青年规划人生的参考书。

本书配有微课视频，读者用手机扫一扫书中二维码即可观看视频。

本书配有电子课件，凡使用本书作为教材的教师可登录机械工业出版社教育服务网 www.cmpedu.com 下载。咨询电话：010-88379375。

## 图书在版编目（CIP）数据

大学生职业发展与就业指导 / 徐莉君，曲海洲主编. 北京：机械工业出版社，2024.7. -- ISBN 978-7-111-76067-2

Ⅰ．G647.38

中国国家版本馆 CIP 数据核字第 2024FY0396 号

机械工业出版社（北京市百万庄大街 22 号　邮政编码 100037）
策划编辑：杨晓昱　　　　　责任编辑：杨晓昱
责任校对：曹若菲　刘雅娜　封面设计：马精明
责任印制：任维东
北京瑞禾彩色印刷有限公司印刷
2024 年 8 月第 1 版第 1 次印刷
184mm×260mm・9.75 印张・207 千字
标准书号：ISBN 978-7-111-76067-2
定价：36.00 元

电话服务　　　　　　网络服务
客服电话：010-88361066　机　工　官　网：www.cmpbook.com
　　　　　010-88379833　机　工　官　博：weibo.com/cmp1952
　　　　　010-68326294　金　书　网：www.golden-book.com
**封底无防伪标均为盗版**　机工教育服务网：www.cmpedu.com

# PREFACE 前言

十四五时期，我国就业领域出现了许多新变化新趋势。人口结构与经济结构深度调整，劳动力供求两侧均出现较大变化，产业转型升级，技术快速发展，这些都对劳动者技能素质提出了更高要求。

近年来，高职院校越来越重视大学生的职业生涯教育和就业创业指导，引导他们树立正确的就业观念，推动毕业生积极理性就业。本书编写团队在编写前进行了大量的调研，对十余家高职院校的教学计划、教材使用情况进行了仔细研究，确定了本书采用项目引领下的任务驱动型编写方式。

本书分为8个项目，共24个任务，分别是认识职业生涯规划、认知自我、探索职业世界、确定职业生涯决策与行动计划、撰写职业生涯发展报告、了解就业形势与流程、提升职业素养与能力、掌握求职技巧。每个任务分为"任务目标、任务要求、任务实施、知识平台、任务评价"，项目最后是"课后练习、应用案例"，从而展开全方位、多层次的理论和实践能力教学，指导学生熟悉职业定位与发展途径，提升职业素养，掌握职业生涯规划方法。

全书融入中华优秀传统文化，强化课程育人，同时精选了大量真实案例，内容深入浅出，有助于提升学生的职业规划与就业创业能力。

本书配有微课视频，读者用手机扫一扫书中二维码即可观看视频，将课堂教学与课下学习紧密结合。

本书获杭州科技职业技术学院教材建设基金立项资助。本书可作为高等职业教育专科和本科"职业发展与就业指导"课程的教材，也可作为广大青年规划人生的参考书。本书在编写过程中，参考和引用相关出版物和资料，在此表示感谢！

由于编者水平有限，书中难免有所疏漏和不妥之处，恳请广大读者提出宝贵意见和建议，以便今后进一步修订完善。

编　者

## 微课视频清单

| 微课 | 二维码 | 微课 | 二维码 |
| --- | --- | --- | --- |
| 微课1　认识职业生涯规划 | | 微课7　职业发展的趋势 | |
| 微课2　锁定正向价值观，实现人生大目标 | | 微课8　专业与职业 | |
| 微课3　测试MBTI性格 | | 微课9　专业与职业之"并不是非你莫属" | |
| 微课4　了解职业兴趣，定位精准职业 | | 微课10　评估决策风格 | |
| 微课5　提升自我能力，拓宽职业道路 | | 微课11　知晓决策方法 | |
| 微课6　探索职业 | | 微课12　设定生涯目标 | |

（续）

| 微课 | 二维码 | 微课 | 二维码 |
| --- | --- | --- | --- |
| 微课13　生涯发展报告的基本架构和撰写方法 | | 微课20　掌握面试技巧 | |
| 微课14　生涯发展报告的行动成果的积累 | | 微课21　维护就业权益，认识劳动合同 | |
| 微课15　大学生就业流程 | | 微课22　拓展案例：工匠们的"0.01" | |
| 微课16　寻找优势亮点，提升职业素养 | | 微课23　拓展案例：匠·新之路——走在创新之路上的工匠 | |
| 微课17　学会时间管理，提升工作效率 | | 微课24　拓展案例：传承与创新——新时期建筑业工匠精神培养 | |
| 微课18　调整择业心态，做好就业准备 | | 微课25　拓展案例：发现浙里的乡村 | |
| 微课19　制作简历 | | | |

# 目录

前言
微课视频清单

## 项目1　认识职业生涯规划　1

　　任务1-1　理解职业生涯规划……………………………… 1
　　任务1-2　掌握职业生涯规划的分类与步骤……………… 6

## 项目2　认知自我　11

　　任务2-1　发掘职业价值观……………………………… 11
　　任务2-2　探索职业性格………………………………… 16
　　任务2-3　寻找职业兴趣………………………………… 23
　　任务2-4　确定职业能力………………………………… 34

## 项目3　探索职业世界　40

　　任务3-1　绘制家族职业树……………………………… 40
　　任务3-2　探索职业与专业……………………………… 45
　　任务3-3　掌握职业世界的现状及发展趋势…………… 47
　　任务3-4　访谈生涯人物………………………………… 52

## 项目4　确定职业生涯决策与行动计划　59

　　任务4-1　评估决策风格………………………………… 59

　　　　任务 4-2　制定职业决策 …………………………………… 64
　　　　任务 4-3　设定职业生涯目标，制订行动计划 …………… 76

## 项目 5　撰写职业生涯发展报告　　85

　　　　任务 5-1　分析职业生涯发展报告 …………………………… 85
　　　　任务 5-2　掌握职业生涯发展报告的撰写方法 ……………… 87
　　　　任务 5-3　充实职业生涯发展报告 …………………………… 90

## 项目 6　了解就业形势与流程　　95

　　　　任务 6-1　制订就业计划 ……………………………………… 95
　　　　任务 6-2　熟悉大学生就业流程 ……………………………… 98

## 项目 7　提升职业素养与能力　　106

　　　　任务 7-1　提升职业素养 ……………………………………… 106
　　　　任务 7-2　提高职业能力 ……………………………………… 113
　　　　任务 7-3　调整择业心态 ……………………………………… 119

## 项目 8　掌握求职技巧　　125

　　　　任务 8-1　制作简历 …………………………………………… 125
　　　　任务 8-2　准备面试 …………………………………………… 133
　　　　任务 8-3　维护就业权益 ……………………………………… 140

## 参考文献　　146

# 项目 1　认识职业生涯规划

凡事预则立，不预则废。

——《礼记·中庸》

**项目要求：**
理解职业生涯规划的概念与意义；
掌握职业生涯规划的分类和步骤。

## 任务 1-1　理解职业生涯规划

### 任务目标

了解生涯，认识职业生涯。

### 任务要求

请准备一张 A4 纸并将其撕成拇指宽，按一个方向折成 10 格，请从第 1 格到第 10 格依次写下 10～100。

接下来，我们来玩撕纸游戏。

### 任务实施

**步骤 1**　假如这张纸条代表你的生命从 0～100 岁，请问你期待活到多少岁？（把期望年龄之后的纸条撕掉）。

**步骤 2**　请问你现在多少岁？（把该年龄前面的纸条撕掉）。

**步骤 3**　请问你想多少岁退休？（把该年龄后面的纸条撕掉。哇！就剩这么长，这是你可以工作的时间）。

**步骤 4**　请问你如何分配一天 24 小时？（通常是睡觉占 1/3，吃饭、娱乐等占 1/3，真正可以工作的时间占 1/3。所以，请把余下纸条的 2/3 撕下来）。

**步骤5** 请拿起剩下的1/3，思考一下你要赚多少钱、存多少钱才能供养自己工作之余的吃喝玩乐及退休后的生活，当然这还不包括你对家庭的责任。

### 知识平台

## 一、职业生涯规划的概念

### （一）生涯与职业生涯

当人们谈论经历时，"生涯"二字是大家经常听到的高频词，如"艺术生涯""写作生涯""戎马生涯"等，那么，"生涯"是什么意思呢？

"生涯"相关一词在我国最早见于庄子。"吾生也有涯，而知也无涯。"庄子这句话的意思是"我的生命是有限的，而探索学习是无限的"。"涯"在这里指"边际"。在这里，生涯指的就是我们每个人有限的全部人生旅程。

职业发展理论的奠基人舒伯（Super，1976）认为，生涯是生活中各种事件的演进方向和历程，它统合了人一生中的各种职业和生活角色，由此表现出个人独特的自我发展形态，比如，学生生涯、军旅生涯、教师生涯、运动生涯等。所以说生涯并不是一个静止的点，而是一个动态的过程，伴随人的一生。

生涯的英文是career，在汉语中也被翻译成职业生涯。它具有可规划性、不可逆转性、差异性、阶段性和发展性等特点。我国学者吴国存将职业生涯分为狭义职业生涯和广义职业生涯。前者是指一个人从职业学习伊始，至职业劳动结束，包括整个人生职业工作历程在内，起始于任职前的职业学习和培训。后者是指从职业能力的获得、职业兴趣的培养、选择职业、就职，直至最后完全退出职业劳动这样一个完整的职业发展过程，起始于人的出生。在本教材中我们倾向于使用广义职业生涯定义。

> **实操练习1-1**
>
> 猜一猜
>
> 请同学们闭上眼睛，猜猜身边有没有人穿红色的衣服，有多少人穿了红色衣服。
>
> 提问：红颜色在人群中一般会很显眼，但为什么大家都没有注意到呢？

### （二）职业生涯规划与生涯发展理论

通过对职业生涯概念的了解，我们可以知道与之对应的职业生涯规划也应该是一个过程。具体说来，职业生涯规划是指在对个人职业生涯的主客观条件进行测定、分析、总结的基础上，对自己的兴趣、爱好、能力、特点进行综合分析与权衡，确定最佳的职业奋斗目标，并为实现这一目标做出行之有效的安排。

20世纪五六十年代，美国职业生涯规划大师舒伯等人提出的生涯发展理论认为，生涯发展是一个在众多个人因素和社会因素之间不断交融、相互影响的动力性过程，其调节的是个人的自我概念，这个动力性过程的发展结果决定了个人在不同生涯阶段中所扮演的不同生涯角色。

在舒伯的生涯彩虹图（图1-1）中，横向层面代表的是横跨一生的生活广度。彩虹外层表示从出生到死亡的个体生命的全部阶段和大致估算的年龄，包括成长阶段（0～14岁）、探索阶段（15～24岁）、建立阶段（25～44岁）、维持阶段（45～64岁）和退出阶段（65岁及以上）五个阶段。在五个主要的人生发展阶段内，还有小的阶段，舒伯特别强调各个时期年龄划分有相当大的弹性，应该根据个体不同情况而定。大学生的生涯发展阶段处于探索期，这个阶段主要的生涯发展任务是从多种机会中探索自我，逐渐确定职业偏好，并在所选定的领域中起步。

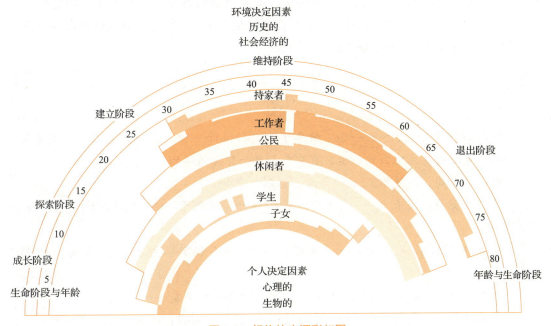

图1-1 舒伯的生涯彩虹图

纵向层面代表纵贯上下的生活空间，高低不同的色带表示个体在不同年龄阶段所扮演的生涯角色。舒伯认为人在一生中必须扮演6种主要角色，依次是子女、学生、休闲者、公民、工作者和持家者。各种角色之间是相互作用的，一个角色的成功，特别是早期角色如果发展得比较好，将会为其他角色提供良好的关系基础。但是，如果在一个角色上投入过多的精力，而没有平衡协调各角色的关系，将会导致其他角色的失败。彩虹图中的阴影部分表示角色的相互替换、盛衰消长。它除了受到年龄增长和社会对个人发展、任务期待的影响外，往往跟个人在各个角色上所花的时间和感情投入的程度有关。从图1-1的阴影比例可以看出，成长阶段最显著的角色是子女；探索阶段是学生；建立阶段是持家者和工作者；维持阶段一开始工作者的角色突然中断，又恢复了学生角色，之后又有延续，同时公民与休闲者的角色逐渐增加，这正如通常所说的"中年危机",暗示这时必须再学习、再调适,如此才有可能处理好职业与家庭生活中所面临的问题。

在舒伯的理论中,生涯规划更注重职业对人的意义。该理论认为,一个完美的人生未必仅仅依赖职业角色的完美,更多的非职业角色会使人生有更多自我实现的可能性。例如,一个学生的兴趣,如果不能从专业学习中得到百分之百的释放,那么就要认真规划一下自己的休闲角色,从而获得更多的自我实现。

在美国,从幼儿园开始就有生涯辅导。在中小学,有多种多样旨在扩展生涯经验和增进自我了解的职业探索活动和教育活动。在我国,《国家中长期教育改革和发展规划纲要(2010—2020年)》明确指出:要建立学生发展指导制度,加强对学生的理想、心理、学业等多方面的指导。近年来,生涯教育越来越被重视与关注,生涯规划也逐渐走进大学与中学的课堂,被广大学生所接受。生涯规划教育不是可有可无,而是势在必行,且宜早不宜迟。大学生学习职业生涯规划的相关知识,能够更好地认识自我,认识职业世界,为自己成长与成才服务。

### 实操练习1-2

**制作"我的生涯花瓣"**

将班级同学分组,5人一组。请各小组自行设计一种五瓣花朵的形状,成员每人一朵,在每瓣花朵空白处,填写有关个人成长背景问题的答案。

第一片花瓣:我是谁?(我的年龄、性别、身份)

第二片花瓣:我来自……(地理区域),这个区域属于……(文化区域)。它的特点有……

第三片花瓣:我来自……(家庭),他们给我性格、能力、行为模式的影响有……

第四片花瓣:我通常的朋友群是……我们的共同特点是……

第五片花瓣:我的信仰是……它源自……的影响和指引。

## 二、职业生涯规划的意义

生涯规划是一个过程,规划的功能在于为生涯设定目标,并找出达成目标所需要采取的步骤。米歇尔罗兹(Michelozzi,1998)指出,职业生涯规划有突破障碍、开发潜能和自我实现三个积极目的,如图1-2所示。一个人最大的幸福,是能以自己选择的方式生活。

在生涯发展过程中,很多学生对追求理想的工作或人生目标充满疑虑,还有的学生甚至不敢去想象或者设立理想目标,因为觉得那不可能实现。阻碍学生迈出勇敢脚步的原因通常来自内在障碍和外在障碍。内在障碍主要是指自我认识不足,而外在障碍主要是指外部信息缺乏。

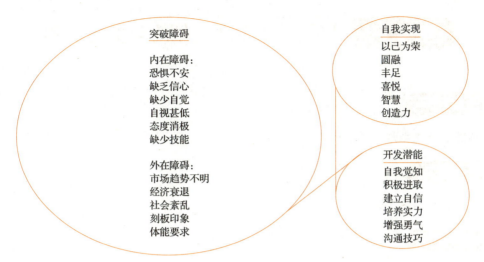

图 1-2 职业生涯规划的三个积极目的

对于个体来说,生涯规划可以帮助人们设立目标,带来希望,从而突破内外障碍,最终实现幸福人生。具体说来,表现为以下九个方面:

- 以既有的成就为基础,确立人生的方向,提供奋斗的策略;
- 突破并塑造充实的自我;
- 准确评价个人特点和强项;
- 评估个人目标和现状的差距;
- 准确定位职业方向;
- 重新认识自身的价值并使其增值;
- 发现新的职业机遇;
- 增强职业竞争力;
- 将个人、事业与家庭联系起来。

## 任务评价

完成任务 1-1 的学习之后,请大家从课堂参与、实践内化、价值认同三个维度进行任务评价。注意,表 1-1 采用赋分制,每一项的分值为 0～25 分,请你根据实际的情况为自己赋分。同时,对本学习任务的知识内容等进行复盘,将自己的反思与总结写在表 1-1 内。

表 1-1 理解职业生涯规划的任务评价

|  | 任务评价点 | 赋分 | 反思与总结 |
| --- | --- | --- | --- |
| 课堂参与 | 能积极、认真地完成任务 |  |  |
| 实践内化 | 掌握职业生涯规划的相关概念 |  |  |
|  | 能绘制生涯彩虹图 |  |  |
| 价值认同 | 认同职业生涯规划的三个积极目的 |  |  |
|  | 总分 |  |  |

# 任务 1-2　掌握职业生涯规划的分类与步骤

### 任务目标

熟悉职业生涯规划的步骤。

### 任务要求

制订自己的旅游计划。

### 任务实施

**步骤 1**　教师将一张世界地图挂在黑板上。

**步骤 2**　请同学们参考世界地图,挑选一个旅游目的地,为自己制订一个详细可行的旅游计划。

**步骤 3**　计划制订完成后,3人一组讨论以下问题:

——你的旅游计划是什么?

——你制订这个旅游计划有哪几个步骤?

——你将如何落实这个旅游计划?

——这个过程与职业生涯规划有何相似之处?

**步骤 4**　小组总结,并在全班讨论交流。

### 知识平台

## 一、职业生涯规划的分类

职业生涯是一个漫长的过程,科学地将其划分为不同的阶段,明确每个阶段的特征和任务,对于更好地选择和从事自己的职业,实现自己的人生目标非常重要。对于职业生涯规划的分类,各国专家学者有不同的划分理论和方法。其中,按时间长度进行划分,职业生涯规划可以分为短期规划、中期规划、长期规划和人生规划四种类型。

### (一)短期规划

短期规划是指两年内的规划,主要是确定近期目标,规划近期应完成的任务。例如,计划两年内熟悉新公司规则,融入企业文化,并为此花较多的时间与同事、领导沟通,向周围的人学习。

### (二)中期规划

中期规划一般指 2～5 年内的职业目标和任务,这是最常用的一种职业生涯规划。例如，计划 3 年内成为部门经理，完成相应的业绩，以及为实现此目标而参加的培训等。

### （三）长期规划

长期规划一般指 5～10 年的规划，主要是设定较长远的目标。例如，计划 35 岁时成为分公司副总经理，以及为实现此目标应采取的具体措施。

### （四）人生规划

人生规划是指整个职业生涯的规划，时间可长达 40 年，设定整个人生规划的发展目标和阶梯。

从字面上看，个人职业生涯规划从短期到中期，再发展为长期，直至整个人生，如同将要拾级而上的台阶，需要一步一步发展。比如，你的职业生涯目标是成为某国际知名企业的技术部经理。为了达到这个目标，要先把这个规划分成几个中等的规划，如什么时候进入一家国际知名企业，什么时候成为一个部门的主管，然后再把这些规划进一步细分，把它分解为直接可操作的具体计划，如为了达到技术部经理的岗位要求，攻读工商管理硕士学位，丰富管理理论知识，熟悉相关业务流程等。

在实际操作中，跨度时间太长的规划由于环境、个人等因素的变化而难以把握，而时间跨度太短的规划又没有多大意义。所以，我们一般提倡个人职业生涯规划控制在 10 年内比较好。这样既便于根据实际情况设定可行目标，又便于随时根据现实状况进行修正和调整。

## 二、职业生涯规划的步骤

其实，职业生涯规划并不难，它和制订一份旅游计划有很多相似之处。如目标的制定、过程的实现，都与一个人的兴趣爱好和自身条件相关，对目标和过程的选择没有绝对的好坏之分。不同的路有不同的风景，在旅游行程的选择上，没有哪个行程是绝对好的，只是对某人某时比较适合而已。对个人的职业生涯规划来说，亦是如此。对目的地的了解，可以让行程更有把握，但无论对信息有多么细致的了解，也要有应对风险和意外的心理准备。你能否如愿实现目标，在很大程度上取决于你是计划的推动者，还是依赖别人或环境的人。

具体而言，一个系统的职业生涯规划应包括觉知与承诺、自我探索、探索职业世界、决策、行动、再评估六个步骤，如图 1-3 所示。

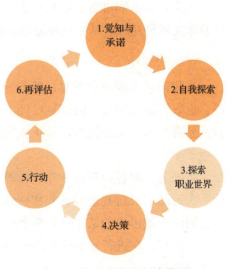

图 1-3　职业生涯规划步骤图

### （一）觉知与承诺

在这个阶段，你已觉悟到职业生涯规划的重要性，并愿意花时间来规划自己的生涯，但也要了解职业生涯规划是一个过程，是一种面对职业生涯发展的态度，它未必能立竿见影，就好像有时我们所播下的种子，未必能马上发芽一样。所以，对职业生涯规划要有合理预期。

### （二）自我探索

职业生涯规划是一个"从内而外"的过程。在自我探索阶段，要通过科学认知的方法和手段从职业兴趣、气质、性格、能力等方面做全面的自我分析，认识自己，了解自己，弄清自己的优势与特长、劣势与不足，这也就是职业生涯规划要素中的"知己"。

### （三）探索职业世界

这个阶段是职业生涯规划要素中的"知彼"，主要从组织环境和社会环境两方面进行考察。一般来说，短期的职业生涯规划更注重对组织环境的分析，长期的职业生涯规划更注重对社会环境的分析。这一阶段主要需要了解职业的特性、所需的能力、工作内容、工作发展前景、行业及职业的薪资待遇等。

### （四）决策

决策是综合整理和评估信息的部分，在决策时有可能因信息不全而重新回到前面几个步骤。具体内容包括选择与决定、综合与评估、目标设立与计划、处理决定过程中的各种问题（生涯信念、障碍）等。

### （五）行动

行动是将全部的探索和思考加以落实的阶段，要通过行动来实现自己设立的工作目标，通常包括求职准备、信息获取、简历制作、面试技巧学习。在行动的过程中要特别注意考虑各种途径，从中选择适合自己的途径并按照规划执行。

### （六）再评估

当我们进入职业世界时，随着外部环境的变化，我们也许会继续沿着过去的规划前进，也有可能发现过去的规划已经不适合自己，或者发现过去的规划并不尽如人意。这就需要再次进行生涯探索，修正生涯规划。所以，生涯规划是一个循环的过程，需要用一生来探索。

我国著名教育家陶行知先生在教育上所倡导的行知行理念和职业生涯的步骤不谋而合。在行动中对自我进行觉知和探索，对职业世界进行探索，对探索得到的信息进行决策，利用决策得出的结论进行职业行动，职业行动后进行再评估，这是一个完整的"行知行"过程。在进行职业生涯决策和行动的整个过程中用行知行理念做指导将起到事半功倍的效果。

## 实操练习 1-3

### 填写职业生涯规划简表

1. 如果用一句话描述我的个性或特质,我是_____。
2. 我所具备的能力或专长是_____。
3. 我最重视的价值观或最看重的是_____。
4. 到目前为止,我生活中最大的成就是_____(三项)。
5. 到目前为止,我生活中最大的挫折是_____。
6. 我最理想的工作是_____。
7. 我最理想的生活状态是_____。
8. 我最理想的工作与我最理想的生活状态结合成_____工作。
9. 我的长期目标是_____。
10. 我的中期目标是_____。
11. 我的短期目标是_____。
12. 这些目标从我目前的状况看来,实现的可能性_____。
13. 我目前暂时决定要做的事情是_____,理由是_____。

## 任务评价

完成任务 1-2 的学习之后,请大家从课堂参与、实践内化、价值认同三个维度进行任务评价。注意,表 1-2 采用赋分制,每一项的分值为 0~25 分,请根据实际的情况为自己赋分。同时,对本任务的知识内容等进行复盘,将反思与总结写在表 1-2 内。

表 1-2　掌握职业生涯规划的分类与步骤的任务评价

| | 任务评价点 | 赋分 | 反思与总结 |
| --- | --- | --- | --- |
| 课堂参与 | 能积极、认真地完成任务 | | |
| 实践内化 | 掌握职业生涯规划的分类与步骤 | | |
| | 能完成职业生涯规划简表 | | |
| 价值认同 | 能将职业生涯规划与社会发展相结合 | | |
| | 总分 | | |

## 课后练习

1. 绘制自己大学每个学期的职业生涯发展任务表。
2. 评估一下自己在职业生涯规划方面的情况,考虑哪些部分是需要特别努力的。

## 应用案例

2023级旅游专业群李同学为自己制定了职业生涯发展任务表，如表1-3所示。

表1-3 李同学的职业生涯发展任务表

| 时间 | | 任务 |
| --- | --- | --- |
| 大一 | 第一学期 | 适应环境，在适应的过程中进一步认识自我，发现自己的优势和不足；确定大学三年的目标，撰写职业生涯规划书 |
| | | 顺利完成本学期学业，并考取英语B级证书、计算机一级证书等常规证书 |
| | 寒假 | 到相关旅游类企业进行岗位调研 |
| | 第二学期 | 参加专业社团实践活动；按照职业生涯规划的内容有重点地行动，并根据实际情况对职业生涯规划书进行微调 |
| | 暑假 | 到相关旅游类企业进行实践 |
| 大二 | 第三学期 | 着重培养自身的各种能力，为就业打基础 |
| | | 顺利完成本学期学业，深入学习专业知识，并考取更高一级英语等级证书和计算机等级证书 |
| | | 观摩毕业生专场招聘会，与企业进行沟通，查漏补缺 |
| | | 考取与未来就业相关的初级导游证、茶艺师等资质证书 |
| | 寒假 | 根据专业所学，到相关旅游类企业再次进行调研 |
| | 第四学期 | 根据与企业的沟通，对自己的规划进行微调以适应企业需求 |
| | | 考取与未来就业相关的资质证书等 |
| | 暑假 | 到相关旅游类企业实习 |
| 大三 | 第五学期 | 顺利完成毕业论文/答辩；给目标企业投简历，积极参加招聘会或者准备专升本考试 |
| | 寒假 | 落实顶岗实习岗位 |
| | 第六学期 | 找到合适的顶岗实习岗位进行实习并顺利就业；或者参加专升本考试，考入心仪的本科院校进一步深造 |

# 项目 2　认知自我

知人者智，自知者明。胜人者有力，自胜者强。

——老子

**项目要求：**
理解认知自我对于职业生涯规划的重要性；
掌握认知自我的多种途径和方法；
能形成自己的职业价值体系，基本了解自己的性格特征、职业兴趣和素质能力，并将其与职业进行匹配。

## 任务 2-1　发掘职业价值观

### 任务目标

发掘你的职业价值观，形成自己的价值体系。

### 任务要求

本节任务首先通过学习社会主义核心价值观，形成对公民的角色认知；然后通过挖掘自己的职业价值观，形成对工作者的角色认知。

### 任务实施

**步骤1**　公民角色认知。

作为公民，我们每个人都是社会主义核心价值观的"代言人"，现班级组织一场寻找"我身边的社会主义核心价值观代言人"活动，"代言人"可以是勤工助学者、乐于助人者等，搜寻他们的故事，学习他们的事迹，完成表2-1的信息收集。

表 2-1　社会主义核心价值观代言人_____的事迹

| 代言人 | | 核心价值观 | |
|---|---|---|---|
| 背景介绍 | | | |
| 代言人选择标准 | 1. | | |
| | 2. | | |
| | 3. | | |
| 典型事迹 | | | |
| 价值挖掘 | | | |

**步骤 2**　*工作者角色认知。*

认识了社会主义核心价值观，我们便能明确自己的人生观中什么是最重要的，同时，作为一名大学生，即将成为一名工作者，当面临职业抉择时，是追寻高薪待遇？还是社会名誉？还是自己的职位提升、能力锻炼？抑或是安全舒适的工作环境？下面，让我们来梳理一下自己的职业价值观。

（1）表 2-2 中有 16 项职业价值观，将获得和剥夺每个职业价值观的感受进行打分并排序，填入表 2-2。

表 2-2　职业价值观的重要性

| 职业价值观 | 获得感（1～10分）<br>1为最弱，10为最强 | 剥夺感（1～10分）<br>1为最弱，10为最强 | 职业价值观排序<br>1为最重要，10为最不重要 |
|---|---|---|---|
| 收入待遇 | | | |
| 环境舒适 | | | |
| 公平公正 | | | |
| 平衡生活 | | | |
| 工作稳定 | | | |
| 持续挑战 | | | |
| 成长发展 | | | |
| 他人认可 | | | |
| 人际和谐 | | | |
| 管理权利 | | | |
| 开拓创造 | | | |
| 志趣满足 | | | |
| 多样变化 | | | |
| 独立自主 | | | |
| 助人利他 | | | |
| 人际拓展 | | | |

（2）仔细评估自己的感受，思考如果从这16项职业价值观中挑选你认为更重要的6项职业价值观，你会选择留下哪6项。填入表2-3，并简要阐述你的选择理由。

表2-3 你认为更重要的6项职业价值观

| 职业价值观 | 你的选择理由 |
| --- | --- |
| 1. | |
| 2. | |
| 3. | |
| 4. | |
| 5. | |
| 6. | |

（3）思考如果突然发生一场变故，让你从表2-3中的6项职业价值观里去掉3项，留下你认为最重要的3项核心职业价值观，你会选择留下哪3项。填入表2-4，并详细阐述你的选择理由。

表2-4 你认为最重要的3项核心职业价值观

| 职业价值观 | 你的选择理由 |
| --- | --- |
| 1. | |
| 2. | |
| 3. | |

## 知识平台

### 一、社会主义核心价值观

社会主义核心价值观凝聚了中国社会价值共识。富强、民主、文明、和谐是国家层面的价值目标，自由、平等、公正、法治是社会层面的价值取向，爱国、敬业、诚信、友善是公民个人层面的价值准则。这24个字是社会主义核心价值体系的内核，体现了社会主义核心价值体系的根本性质和基本特征，反映了社会主义核心价值体系的丰富内涵和实践要求，是社会主义核心价值体系的高度凝练和集中表达。

习近平总书记指出："青年的价值取向决定了未来整个社会的价值取向，而青年又处在价值观形成和确立的时期，抓好这一时期的价值观养成十分重要。"处在青春期的大学生在规划自己的未来职业生涯时，必须以社会主义核心价值观为指导，立志将自己的工作与国家的复兴相结合，做到爱国、敬业、诚信、友善，唯有如此才能够拥有自由、平等、公正、法治的社会，国家才能够富强、民主、文明、和谐，成为和谐发展的共同体。

## 二、职业价值观的含义

职业价值观就是我们在生活和工作中所看重的原则、标准和品质。也就是说,无论你从事什么工作,都会努力在工作中追求的东西,是人生目标和人生态度在职业选择方面的具体表现,是我们选择职业的重要因素。职业价值观提供了"在职业选择中什么对我最为重要"这个问题的判断标准,它是因人而异的,但又是相对稳定和持久的。有人注重职业活动的过程本质,有人注重职业活动的结果,有人注重职业活动的环境等。

## 三、舒伯的职业价值因子

舒伯认为,职业价值观是个人追求的与工作有关的目标,即个人的内在需求及其在从事活动时所追求的工作特质或属性,它是个人价值观在职业问题上的反映,即个人对与工作有关的客观事物的意义、重要性的评价和看法。不同的个体对职业的需要和看法不同,因而个体间的职业价值观不同。

对于职业价值的内在结构,舒伯的职业价值观量表研究表明具体的因子有15个,可归纳为三个维度,如表2-5所示。

表2-5 舒伯的职业价值因子

| 职业价值 | 价值内涵（工作目的和意义） | 维度 |
| --- | --- | --- |
| 利他主义 | 直接为大众的幸福和利益尽一份力 | **内在价值维度**：与职业本身性质有关的因素,即工作本身的一些特征 |
| 美的追求 | 努力使这个世界更美好,且能得到美的享受 | |
| 创造发明 | 能让个人发明新事物,设计新产品或发展新观念 | |
| 智力激发 | 提供独立思考、学习与分析事理的机会 | |
| 独立自主 | 允许个人以自己的方式或步调来进行,不受太多限制 | |
| 成就满足 | 能看到自己努力工作的具体成果,不断完成自己想要做的事,并因此获得精神上的满足 | |
| 管理权利 | 能赋予个人权力来谋划、分配工作且管理属下 | |
| 工作环境 | 追求比较舒适、轻松、自由、优越的工作条件和环境 | **外在价值维度**：与工作内容无关的外部因素,即工作的环境 |
| 同事关系 | 能与志同道合的伙伴一起愉快地工作 | |
| 上司关系 | 能与主管平等且融洽地相处,获得赏识 | |
| 多样变化 | 能尝试不同的工作内容,多姿多彩、富有变化 | |
| 声望地位 | 能提高个人身份或名望,所从事的工作在人们的心目中有较高的社会地位,自己受到他人的推崇和尊重 | **外在报酬维度**：在职业活动中获得的因素 |
| 安全稳定 | 能提供安定生活的保障,即使经济不景气也不受影响 | |
| 经济报酬 | 能获得优厚的报酬,使个人有能力购置想要的东西,生活富足 | |
| 生活方式 | 能选择自己的生活方式,并实现自己的理想 | |

## 四、价值观的激励作用

马斯洛提出人有五个层次的需求：生理需求、安全需求、社交需求、尊重需求和自我实现需求，如图 2-1 所示。只有当低层次的需求得到基本满足后，个人才能关注并致力于满足下一层次的需求。这些需求是强大的内在驱动力，我们所做的事情正是为了满足这些需求。它们反映到生活中，就是价值观。比如，有些人会比较重视工作能带给自己多少收入，有些人更多地考虑做自己喜欢的工作。这两者的不同在很大程度上可归结于他们所处的需求层次不同，前者仍处在"生理""安全"的需求层次上；而后者是在较低层次的需求已经得到满足的情况下，追求"社交""尊重""自我实现"的需求。

图 2-1 马斯洛的需求层次模型与对应的价值观

### 任务评价

完成任务 2-1 的学习之后，请大家从课堂参与、实践内化、价值认同三个维度进行任务评价。注意，表 2-6 采用赋分制，每一项的分值为 0～25 分，请你根据实际的情况为自己赋分。同时，对本学习任务的知识内容进行复盘，将自己的反思与总结写在表 2-6 内。

表 2-6 发掘职业价值观的任务评价

| | 任务评价点 | 赋分 | 反思与总结 |
| --- | --- | --- | --- |
| 课堂参与 | 能积极、认真地完成任务 | | |
| 实践内化 | 能运用职业价值观测评方法，开展自我探究 | | |
| | 能结合自身情况完成任务，且有一定的质量和创意 | | |
| 价值认同 | 认可职业价值观测评方法的价值 | | |
| 总分 | | | |

## 任务 2-2　探索职业性格

### 任务目标

探索你的职业性格。

### 任务要求

在日常生活中人们形容他人经常用"她很活泼""他比较内向""她性格很好"这些话语，而这些话语常常和一个人的性格有关。但当仔细问及"她人很好"的标准时，答案却不尽相同，有人说她"做事认真仔细"，有人说她"说话爽快，做事果断"，也有人说她"很会倾听，善解人意"。那性格到底是什么呢？请你尝试探索自己的性格特征。

### 任务实施

**步骤 1**　请你在下面空白框里画一棵树，你想怎么画都行，不要临摹。完成后，请你介绍自己所画的这棵树，可以包含树名、形状、果实、季节、作画时的心情等。

　

**步骤 2**　对照知识平台中介绍的卡尔柯乞的 20 项标准，分析潜在的自己。

你的分析：_____
你的感受：_____
你的下一步计划：_____
_____

### 知识平台

#### 一、什么是性格

性格也称人格特质，是一个人在对现实的稳定的态度，以及与这种态度相应的、习惯化了的行为方式中表现出来的人格特征。性格不同于气质，更多体现了人格的社会属性，个体之间人格差异的核心是性格的差异。性格是在社会生活实践中逐渐形成的，一经形成便比较稳定，它会在不同的时间和不同的地点表现出来。但是，生活环境的重大变化一定会带来一个人性格特征的显著变化，因此性格贯穿人的一生，并且在生活中不断形成与完善。只有具有较深刻的认知能力和坚强的意志力时，一个人的性格才会具有相对稳定性。

一个人的性格是在先天生理素质的基础上，通过后天不同环境的教育和影响，通过自身的认识、情感、意志和行动，经过长期的塑造而形成的一个稳定的心理特征。因此，性格是一个复杂的心理现象，它受到多种因素，包括遗传、环境、教育、文化等的影响。同时，性格也是个体差异的核心，不同的人有不同的性格特征，这也决定了他们在面对相同情境时的不同反应和行为方式。

## 二、性格与职业生涯发展的关系

性格是个体人格中具有核心意义的部分，几乎涉及每个人的心理过程及个性特征的各个方面，与职业发展息息相关。从事与自己性格不匹配的工作，个人的才能就会受到阻碍，会让人觉得整个工作状态都很"不对劲"。因此，在职业选择中要尽可能充分考虑自己的性格特征与职业要求是否相适应。

在职业发展上，性格的作用大于能力。如果一个人能力不足，可以通过培训等途径提高；但如果一个人的性格与职业岗位不匹配，则不容易改变。

性格无所谓好坏，每一类性格都有与之相适应的职业范围。例如，情感型的人，情感丰富，喜怒哀乐溢于言表，不喜欢单调生活，对新事物很有兴趣。这类人适合的职业包括演员、导游、活动家等。

## 三、通过MBTI了解性格

### （一）MBTI介绍

迈尔斯－布里格斯类型指标（Myers-Briggs Type Indicator，MBTI）是以瑞士心理学家荣格的性格理论为基础，由美国的凯恩琳·布里格斯和她的女儿伊莎贝尔·布里格斯·迈尔斯共同制定的。MBTI向我们揭示了性格的多样性和由此导致的不同个体之间行为模式、价值取向的差异：性格类型深刻影响着我们观察事物的角度、思考问题的方式、决策的动机、工作中的行事风格，乃至人际交往中的习惯与喜好。

MBTI有许多研究数据的支持，属于信度、效度都比较高的心理测评工具。它的用途非常广泛，多被用于自我探索、职业发展、人才选拔、管理培训、恋爱与婚姻咨询等工作中。

MBTI用四维度偏好二分法来评估一个人的类型偏好。所谓"偏好"，"是一种天生的倾向性，是一种特定的行为和思维方式"。每个维度偏好均由两极组成，分别是：

（1）能量倾向：外倾（E），内倾（I）；
（2）接收信息：感觉（S），直觉（N）；
（3）处理信息：思考（T），情感（F）；
（4）行动方式：判断（J），知觉（P）。

### （二）MBTI维度解释

MBTI维度解释见表2-7。

表 2-7　MBTI 维度解释

| 能量倾向：你更喜欢将自己的注意力集中于何处？你从何处获得活力？ E-I 维度 ||
|---|---|
| 外倾（Extroversion，E） | 内倾（Introversion，I） |
| 　　注意力和能量主要指向外部世界的人和事，从与人的交往和行动中得到活力 | 　　注意力和能量集中于自己的内心世界，从思想、回忆和情感的反思中得到活力 |
| • 关注外部环境<br>• 喜欢用谈话的方式进行沟通<br>• 通过谈话形成自己的意见<br>• 用实际操作或讨论的方式能学得更好<br>• 兴趣广泛<br>• 好与人交往，善于表达<br>• 先行动，后思考<br>• 在工作和人际关系中都很积极主动 | • 关注自己的内心世界<br>• 更愿意用书面表达方式沟通<br>• 通过思考形成自己的意见<br>• 用在头脑中"练习"的思考方式学得最好<br>• 兴趣专注<br>• 安静而显得内向<br>• 先思考，后行动<br>• 当情境或事件对他们具有重要意义时会采取主动 |
| 接收信息：你如何获取信息？ S-N 维度 ||
| 感觉（Sensing，S） | 直觉（Intuition，N） |
| 　　用自己的五官来获取信息；喜欢实实在在的、确实出现的信息；对于周围所发生的事件观察入微，特别关注现实 | 　　通过想象、无意识等超越感觉的方式来获取信息；喜欢看整个事件的全貌，关注事实之间的关联；想要抓住事件的模式，特别善于看到新的可能性 |
| • 着眼于当前的实际情况<br>• 现实、具体<br>• 关注真实的、实际存在的事物<br>• 观察敏锐，并能记住细节<br>• 经过仔细周详的推理一步步得出结论<br>• 通过实际运用来理解抽象的思维<br>• 相信自己的经验 | • 着眼于未来的可能<br>• 富于想象力和创造性<br>• 关注数据所代表的模式和意义<br>• 当细节与某一模式相关时才能记住<br>• 靠直觉很快得出结论<br>• 希望在应用理论之前先能对之进行澄清<br>• 相信自己的灵感 |
| 处理信息：你是如何做决定的？ T-F 维度 ||
| 思考（Thinking，T） | 情感（Feeling，F） |
| 　　通过分析某一行动或选择的逻辑后果来做决定会将自己从情境中分离出来，对事件的正反两方面进行客观的分析；从分析和确认事件中的错误并解决问题中获得活力；目标是要找到一个能应用于所有相似情境的标准或原则 | 　　喜欢考虑对自己和他人来说什么是重要的；会在头脑中将自己放在情境所牵涉的所有人的位置上并试图理解别人的感受，然后在此基础上根据自己的价值判断做出决定；从对他人表示赞赏和支持中获得活力；目标是创造和谐的氛围，把每一个人都当作一个独特的个体来对待 |
| • 好分析的<br>• 运用因果推理<br>• 以逻辑的方式解决问题<br>• 寻求一个合乎真理的客观标准<br>• 爱讲理的<br>• 可能显得不近人情<br>• 公平意味着每个人都能得到平等的待遇 | • 善于体贴他人、感同身受<br>• 受个人价值观的引导<br>• 衡量决定对他人产生的后果和影响<br>• 寻求和谐的气氛和积极的人际交往<br>• 富于同情心<br>• 可能会显得心肠心软<br>• 公平意味着每个人都被作为独特的个体来对待 |

（续）

| 行动方式：你如何与外部世界打交道？J-P 维度 ||
|---|---|
| 判断（Judging，J） | 知觉（Perceiving，P） |
| 喜欢将事情管理得井井有条，过一种有计划的、井然有序的生活；喜欢做出决定，完成后继续下面的工作；生活通常会比较有规划、有秩序；按照计划和日程安排办事对他们来说很重要；从完成任务中获得能量 | 更愿意去体验和理解生活而不是去控制它；详细的计划或最后决定会使他们感到被束缚；愿意对新的信息和选择保持开放，直到最后一分钟；足智多谋、善于调节自己适应当前场合的需要，并从中获得能量 |
| • 有计划的<br>• 喜欢组织管理自己的生活<br>• 有系统有计划<br>• 按部就班<br>• 爱制订短期和长期计划<br>• 喜欢把事情落实敲定<br>• 力图避免最后一分钟才能决定或完成任务的压力 | • 自发的<br>• 灵感<br>• 随意<br>• 开放<br>• 适应，改变方向<br>• 不喜欢把事情确定下来，以留有改变的可能性<br>• 最后一分钟的压力会使他们感到活力充沛 |

**需要注意的是：**

（1）每个人都同时具备一个维度的两个倾向，而不是只有其中一个倾向，不能绝对地看测评结果。

（2）每个人对某一维度的某个倾向，有天生的偏爱。

（3）当我们处于偏爱的倾向时，我们往往表现更佳，感觉更有效率，且精力充沛。

### （三）职业性格类型

为了方便理解，前面对 MBTI 的各个维度做了单独的介绍，但这并不等于可以从单个维度去理解人。人的性格非常复杂，每个维度都会彼此影响。因此，将四个维度结合起来，才是正确理解一个人的方法。在 MBTI 中，四个维度中的两极正好组合成 16 种人格类型，这 16 种性格类型及其通常具有的特征见表 2-8。

**表 2-8　MBTI 16 种性格类型及其通常具有的特征**

| ISTJ | ISFJ | INFJ | INTJ |
|---|---|---|---|
| 沉静，认真；贯彻始终、使人信赖而取得成功；讲求实际，注重事实，能够合情合理地去决定应该做的事情，而且坚定不移地把它完成，不会因外界事物而分散精神；以做事有次序、有条理为乐——不论在工作上、家庭上还是生活上；重视传统和忠诚实践他们的理念 | 沉静，友善，有责任感；能坚定不移地承担责任；做事贯彻始终、不辞辛劳和准确无误。忠诚，替人着想，细心；往往记着他所重视的人的种种微小事情，关心别人的感受；努力创造一个有秩序、和谐的工作和家居环境 | 探索意念、人际关系和物质拥有欲的意义和它们之间的关系；对别人有洞察力；尽责，能够履行他们坚持的价值观念；有一个清晰的理念以谋取大众的最佳利益；能够有条理地、果断地行动 | 有创意，有很大的冲劲去实践他们的理念和达到目标；能够很快地掌握事情发展的规律，从而确定长远的发展方向；一旦做出承诺，便会有条理地开展工作，直到完成为止；有质疑精神，独立自主；无论为自己还是他人，有高水准的工作表现 |

（续）

| ISTP | ISFP | INFP | INTP |
|---|---|---|---|
| 是冷静的观察者，但当有问题出现时，便迅速行动，能够分析哪些东西可以使事情进行顺利，能够从大量信息中找出实际问题的重心；很重视事件的前因后果，能够以理性的原则把事实组织起来，重视效率 | 沉静，友善，敏感和仁慈；喜欢有自己的空间，做事能把握自己的时间；忠于自己所重视的人；不喜欢争论和冲突，不会强迫别人接受自己的意见或价值观 | 理想主义者，忠于自己的价值观及自己所重视的人；外在的生活与内在价值观配合；有好奇心，能很快看到事情的可能与否，能够加速对理念的实践；试图了解别人；协助别人发展潜能；适应力强，有弹性；如果和他们的价值观没有抵触，往往能包容他人 | 对于任何感兴趣的事物，都要探索一个合理的解释；喜欢理念思维多于社交活动；沉静，满足，适应力强；在他们感兴趣的范畴内，有非凡的能力去专注而深入地解决问题；有质疑精神，有时喜欢批评，常常善于分析 |
| **ESTP** | **ESFP** | **ENFP** | **ENTP** |
| 讲求实际，专注即时的效益；对理论和概念上的解释感到不耐烦，希望以积极的行动去解决问题；专注于"此时此地"，喜欢主动与别人交往；喜欢物质享受的生活方式；能够通过实践达到最佳的学习效果 | 外向，友善，包容；热爱生命、热爱人、爱物质享受；喜欢与别人共事；在工作上，能用常识、注意现实的情况，使工作富趣味性，有灵活性，易接受新朋友和适应新环境；与别人一起学习新技能可以达到最佳的学习效果 | 热心，富于想象力；认为生活充满很多可能性；能够很快找出事件和资料之间的关联性，而且有信心依照他们所看到的模式去做；很需要别人的肯定，又乐于欣赏和支持别人；时常信赖自己的临场表现和流畅的语言能力 | 思维敏捷，机灵，能激励人，警觉性高，勇于发言；能随机应变地去应付新的、富于挑战性的问题；善于洞察别人；对日常事务感到厌倦；能灵活地处理接二连三的事务 |
| **ESTJ** | **ESFJ** | **ENFJ** | **ENTJ** |
| 讲求实际，注重事实；果断，很快做出实际可行的决定；能够安排计划和组织人员以完成工作，尽可能以最有效率的方法达到目的；能够注意日常例行工作的细节；有一套清晰的逻辑标准，会有系统地跟着去做；也想别人跟着去做；会以强硬态度去执行计划 | 有爱心、尽责，合作，渴望有和谐的环境，而且有决心营造这样的环境；喜欢与别人共事，以准确地、准时地完成工作；忠诚，即使在细微的事情上也如此；渴望别人赞赏他们和欣赏他们所做的贡献 | 温情，有同情心，反应敏捷和有责任感；高度关注别人的情绪、需要和动机；能够看到每个人的潜质，帮助别人发挥自己的潜能；能够积极地协助他人和组织的成长；忠诚，对赞美和批评都能做出很快的回应；社交活跃，在一组人当中能够惠及别人，有启发人的领导才能 | 坦率、果断、乐于作为领导者；很容易看到不合逻辑和缺乏效率的程序和政策，能制定制度去解决一些组织上的问题；喜欢有长远的计划、有目标；往往是博学多闻的，喜欢追求知识传给别人；能够有力地提出自己的主张 |

## （四）MBTI 与职业的匹配

如表 2-9 所示，每一种性格都会有与之相匹配的职业范围，当理解自己的职业倾向时，请不要陷入类别名称的描述，而要看到这一类别工作的特点。每种类型都是独特的，会在适合的环境中发挥自己的特点。

表 2-9　MBTI 与职业的匹配

| ISTJ | ISFJ | INFJ | INTJ |
|---|---|---|---|
| • 管理者<br>• 行政管理<br>• 执法者<br>• 会计<br>　或者其他能够让他们可以利用自己的经验和对细节的注意完成任务的职业 | • 教育<br>• 健康护理（包括生理、心理）<br>• 宗教服务或者其他能够让他们运用自己的经验亲自帮助别人的职业，这种帮助是协助或辅助性的 | • 宗教<br>• 咨询服务（包括个人、社会、心理等）<br>• 教学/教导<br>• 艺术<br>　或者其他能够促进他们情感、智力或精神发展的职业 | • 科学或技术领域<br>• 计算机<br>• 法律<br>　或者其他能够让他们运用智力创造和技术知识去构思、分析和完成任务的职业 |
| **ISTP** | **ISFP** | **INFP** | **INTP** |
| • 熟练工种<br>• 技术领域<br>• 农业<br>• 执法者<br>• 军人<br>　或者其他能够让他们动手操作、分析数据或事情的职业 | • 健康护理（包括生理、心理）<br>• 商业<br>• 执法者<br>　或者其他能够让他们友善、专注于细节的相关的职业 | • 咨询服务（包括个人、社会、心理等）<br>• 写作<br>• 艺术<br>　或者其他能够让他们运用创造和集中于他们的价值观的职业 | • 科学或技术领域或者其他能够让他们基于自己的专业技术知识独立、客观分析问题的职业 |
| **ESTP** | **ESFP** | **ENFP** | **ENTP** |
| • 市场<br>• 熟练工种<br>• 商业<br>• 执法者<br>• 应用技术<br>　或者其他能够让他们利用行动关注必要细节的职业 | • 健康护理（包括生理、心理）<br>• 教学/教导<br>• 教练<br>• 儿童保育<br>• 熟练工种<br>　或者其他能够让他们利用外向的天性和热情去帮助那些有实际需要的人们的职业 | • 咨询服务（包括个人、社会、心理等）<br>• 教学/教导<br>• 宗教<br>• 艺术<br>　或者其他能够让他们利用创造和交流去帮助、促进他人成长的职业 | • 科学<br>• 管理者<br>• 技术<br>• 艺术<br>　或者其他能够让他们有机会不断承担新挑战的工作 |
| **ESTJ** | **ESFJ** | **ENFJ** | **ENTJ** |
| • 管理者<br>• 行政管理<br>• 执法者<br>　或者其他能够让他们运用对事实的逻辑和组织完成任务的职业 | • 教育<br>• 健康护理（包括生理、心理）<br>• 宗教<br>　或者其他能够让他们运用个人关怀为他人提供服务的职业 | • 宗教<br>• 艺术<br>• 教学/教导<br>　或者其他能够让他们帮助别人在情感、智力和精神上成长的职业 | • 管理者<br>• 领导者<br>　或者其他能够让他们运用实际分析、战略计划和组织完成任务的职业 |

## 四、卡尔珂乞的 20 项标准

1. 树有根：表示受测者执着于尘世，稳重，不投机，不作轻率之举。
2. 树无根，且无横线表示地面：受测者缺乏自觉，行动无一定之规，喜欢投机。
3. 树立于形似山巅的地面上：受测者孤立自己，或有孤立之感，社会关系陷入扰乱不安的境地。
4. 树干短且树冠大：有强烈自觉，富有雄心，有获得别人赞许的欲望，骄傲。
5. 树干长且树冠小：发育迟滞，这种树形常见于儿童的图画之中。
6. 树干由两条平行直线段构成：斤斤计较，实事求是，少想象，倔强固执。
7. 树干由两条处处等距而波动的线条构成：活泼，有生气，易于适应环境。
8. 树干由断续不整的短画构成：敏感易怒，思考问题凭直觉，很少使用推理。
9. 树干左边有阴影：性格内向，拘谨。
10. 树干右边有阴影：性格外向，乐于与外界接触。
11. 树冠扁平：由于外界压力而变得拘谨，有自卑感。
12. 树冠由同心圆组成：富于神秘性，缺乏活动，自我满足，性格内向。
13. 树冠由环列的树枝构成：勤勉，进取，富有创造力，性格外向。
14. 树冠似云：富于想象，多梦想，易激动。
15. 树冠由一簇钩圈组成：热忱，坦白，好交际，健谈。
16. 树形似棚：墨守传统，拘泥形式，善自制。
17. 树形倾向右边：好交际，易激动，对将来充满信心，善表现，擅长于活动。
18. 树形倾向左边：节制，含蓄，小心，对将来充满恐惧。
19. 树上有果实：善于观察，非常重视物质享受，现实主义。
20. 树叶或果实落到地下：敏感，理解力强，缺乏毅力，听天由命。

### 任务评价

完成任务 2-2 的学习之后，请大家从课堂参与、实践内化、价值认同三个维度进行任务评价。注意，表 2-10 采用赋分制，每一项的分值为 0～25 分，请你根据实际的情况为自己赋分。同时，对本学习任务的知识内容进行复盘，将自己的反思与总结写在表 2-10 内。

表 2-10 探索职业性格的任务评价

| | 任务评价点 | 赋分 | 反思与总结 |
|---|---|---|---|
| 课堂参与 | 能积极、认真地完成任务 | | |
| 实践内化 | 能运用职业性格测评方法，开展自我探究 | | |
| | 能结合自身情况完成任务，且有一定的质量和创意 | | |
| 价值认同 | 认可职业性格测评方法的价值 | | |
| 总分 | | | |

## 任务 2-3　寻找职业兴趣

### 任务目标

寻找你的职业兴趣。

### 任务要求

个人兴趣在职业生涯规划中有什么样的作用？让我们一起认知自己的职业兴趣特点，探索自己的职业兴趣类型，知道如何使用职业兴趣代码找到相应的职业分类，明晰自己的职业发展方向，确定职业路径。

### 任务实施

本任务共有 5 个步骤，每个步骤没有具体时间限制，但请你在 10 分钟之内按要求完成前面 4 个步骤，第 5 个步骤在知识平台中完成。

**步骤 1**　你心目中的理想职业。

对于未来的职业，你也许早有考虑，它可能很抽象、很朦胧，也可能很具体、很清晰。不管是哪种情况，现在请把你最想从事的三种工作或最想读的三个专业按顺序写下来。

1. _____
2. _____
3. _____

**步骤 2**　你所感兴趣的活动。

下面列举了若干活动。这些活动无所谓好坏，如果你喜欢去参加（包括过去、现在或将来），就请在答题卷的相应题号上的"是"一栏内填"1"；如果不喜欢，就请在"否"一栏内填"0"，最后统计"是"一栏的得分。注意，这一部分测验主要是想确定你的职业兴趣，而不是让你选择工作，你喜欢某种活动并不意味着你一定要从事这种职业。答题时不必考虑过去是否干过和是否擅长这种活动，只根据你的兴趣直接判断即可。

**R—实际型活动**

| 问题：你喜欢下列活动吗？ | 是 | 否 |
| --- | --- | --- |
| 1. 装配修理电器或玩具 | | |
| 2. 修理自行车 | | |
| 3. 用木头做东西 | | |
| 4. 开汽车或摩托车 | | |

(续)

| 问题：你喜欢下列活动吗？ | 是 | 否 |
|---|---|---|
| 5. 用机器做东西 | | |
| 6. 参加木工技术学习班 | | |
| 7. 参加制图描图学习班 | | |
| 8. 驾驶卡车或拖拉机 | | |
| 9. 参加机械和电气学习班 | | |
| 10. 装配修理机器 | | |

统计"是"一栏得分：_____

### I—研究型活动

| 问题：你喜欢下列活动吗？ | 是 | 否 |
|---|---|---|
| 1. 读科技图书和杂志 | | |
| 2. 在实验室工作 | | |
| 3. 改良水果品种，培育新的品种 | | |
| 4. 调查了解土和金属等物质的成分 | | |
| 5. 研究自己选择的特殊问题 | | |
| 6. 解算术或玩数学游戏 | | |
| 7. 物理课 | | |
| 8. 化学课 | | |
| 9. 几何课 | | |
| 10. 生物课 | | |

统计"是"一栏得分：_____

### A—艺术型活动

| 问题：你喜欢下列活动吗？ | 是 | 否 |
|---|---|---|
| 1. 素描/制图或绘图 | | |
| 2. 参加话剧/戏剧 | | |
| 3. 设计家具/布置室内 | | |
| 4. 练习乐器/参加乐队 | | |
| 5. 欣赏音乐或戏剧 | | |
| 6. 看小说/读剧本 | | |
| 7. 从事摄影创作 | | |
| 8. 写诗或吟诗 | | |
| 9. 进行艺术（美术/音乐）培训 | | |
| 10. 练习书法 | | |

统计"是"一栏得分：_____

### S—社会型活动

| 问题：你喜欢下列活动吗？ | 是 | 否 |
|---|---|---|
| 1. 学校或单位组织的正式活动 | | |
| 2. 参加某个社会团体或俱乐部的活动 | | |
| 3. 帮助别人解决困难 | | |
| 4. 照顾儿童 | | |
| 5. 出席晚会、联欢会、茶话会 | | |
| 6. 和大家一起郊游 | | |
| 7. 想获得关于心理学方面的知识 | | |
| 8. 参加讲座或辩论会 | | |
| 9. 观看体育比赛或参加运动会 | | |
| 10. 结交新朋友 | | |

统计"是"一栏得分：_____

### E—企业型活动

| 问题：你喜欢下列活动吗？ | 是 | 否 |
|---|---|---|
| 1. 说服鼓动他人 | | |
| 2. 卖东西 | | |
| 3. 谈论政治 | | |
| 4. 制订计划、参加会议 | | |
| 5. 以自己的意志影响别人的行为 | | |
| 6. 在社会团体中担任职务 | | |
| 7. 检查与评价别人的工作 | | |
| 8. 结交社会名人 | | |
| 9. 指导团体活动 | | |
| 10. 参加社团活动 | | |

统计"是"一栏得分：_____

### C—常规型活动

| 问题：你喜欢下列活动吗？ | 是 | 否 |
|---|---|---|
| 1. 整理桌面和房间 | | |
| 2. 抄写文件和信件 | | |
| 3. 为领导写报告或公务信函 | | |
| 4. 检查个人收支情况 | | |
| 5. 参加打字培训班 | | |
| 6. 参加文秘事务培训 | | |

(续)

| 问题：你喜欢下列活动吗？ | 是 | 否 |
|---|---|---|
| 7. 参加商业会计培训班 | | |
| 8. 参加情报处理培训班 | | |
| 9. 整理信件、报告、记录等 | | |
| 10. 写商业贸易信 | | |

统计"是"一栏得分：_____

**步骤 3** 你所擅长或胜任的活动。

下面从六个方面分别列举若干活动，以确定你具备哪方面的工作特长。回答时，只需考虑你过去或现在对所列活动是否擅长、胜任，不必考虑你是否喜欢。如果你认为你擅长从事某一活动，就请在答题卷的相应题号上的"是"一栏内填"1"；如果不擅长，就请在"否"一栏内填"0"，最后统计"是"一栏的得分。注意，你如果从未从事过某一活动，那就请考虑你将来是否会擅长从事该项活动。

**R—实际型能力**

| 问题：你擅长或胜任下列事情吗？ | 是 | 否 |
|---|---|---|
| 1. 能使用电锯、电钻和锉刀等木工工具 | | |
| 2. 知道万用表的使用方法 | | |
| 3. 能够修理自行车或其他机械 | | |
| 4. 能够使用电钻床、磨床或缝纫机 | | |
| 5. 能给家具和木制品刷漆 | | |
| 6. 能看建筑设计图 | | |
| 7. 能够修理简单的电气用品 | | |
| 8. 能修理家具 | | |
| 9. 能修理计算机 | | |
| 10. 能简单修理水管 | | |

统计"是"一栏得分：_____

**I—研究型能力**

| 问题：你擅长或胜任下列事情吗？ | 是 | 否 |
|---|---|---|
| 1. 懂得真空管或晶体管的作用 | | |
| 2. 能够列举3种蛋白质多的食品 | | |
| 3. 理解铀的裂变 | | |
| 4. 能用计算尺、计算器、对数表 | | |
| 5. 能使用显微镜 | | |
| 6. 能找到3个星座 | | |

（续）

| 问题：你擅长或胜任下列事情吗？ | 是 | 否 |
|---|---|---|
| 7. 能独立进行调查研究 | | |
| 8. 能解释简单的化学 | | |
| 9. 理解人造卫星为什么不落地 | | |
| 10. 经常参加学术会议 | | |

统计"是"一栏得分：_____

### A—艺术型能力

| 问题：你擅长或胜任下列事情吗？ | 是 | 否 |
|---|---|---|
| 1. 能演奏乐器 | | |
| 2. 能参加二部或四部合唱 | | |
| 3. 独唱或独奏 | | |
| 4. 扮演剧中角色 | | |
| 5. 能创作简单的乐曲 | | |
| 6. 会跳舞 | | |
| 7. 能绘画、素描或书法 | | |
| 8. 能雕刻、剪纸或泥塑 | | |
| 9. 能设计板报、服装或家具 | | |
| 10. 写得一手好文章 | | |

统计"是"一栏得分：_____

### S—社会型能力

| 问题：你擅长或胜任下列事情吗？ | 是 | 否 |
|---|---|---|
| 1. 有向各种人说明解释的能力 | | |
| 2. 常参加社会福利活动 | | |
| 3. 能和大家友好相处，一起工作 | | |
| 4. 善于和年长者相处 | | |
| 5. 会邀请人、招待人 | | |
| 6. 能得心应手地教育儿童 | | |
| 7. 能安排会议等活动顺序 | | |
| 8. 善于体察人心和帮助他人 | | |
| 9. 帮助护理病人和伤员 | | |
| 10. 安排社团组织的各项事务 | | |

统计"是"一栏得分：_____

### E—企业型能力

| 问题：你擅长或胜任下列事情吗？ | 是 | 否 |
|---|---|---|
| 1. 担任过学生干部并且干得不错 | | |
| 2. 工作上能指导和监督他人 | | |
| 3. 做事充满活力和热情 | | |
| 4. 有效利用自身的做法影响他人 | | |
| 5. 销售能力强 | | |
| 6. 曾担任俱乐部或社团的负责人 | | |
| 7. 向领导提出建议或反映意见 | | |
| 8. 有开创事业的能力 | | |
| 9. 知道怎样做能成为一名优秀的领导者 | | |
| 10. 健谈善辩 | | |

统计"是"一栏得分：_____

### C—常规型能力

| 问题：你擅长或胜任下列事情吗？ | 是 | 否 |
|---|---|---|
| 1. 熟练地进行中文打字 | | |
| 2. 会用复印机 | | |
| 3. 能快速记笔记和抄写文章 | | |
| 4. 善于整理、保管文件和资料 | | |
| 5. 善于从事事务性的工作 | | |
| 6. 会用算盘 | | |
| 7. 能在短时间内分类和处理大量文件 | | |
| 8. 能使用计算机 | | |
| 9. 能搜集数据 | | |
| 10. 善于为自己或集体做财务预算表 | | |

统计"是"一栏得分：_____

**步骤4** 你所喜欢的职业。

下面列举了许多职业，对这些职业的基本情况你或多或少都有所了解，请在此基础上形成自己的评价态度。如果你对某份职业喜欢的话，请在答题卷的相应题号上的"是"一栏内填"1"；如果不喜欢，则请在"否"一栏内填"0"，最后统计"是"一栏的得分。

## R—实际型职业

| 问题：你喜欢做下列事情吗？ | 是 | 否 |
|---|---|---|
| 1. 飞机机械师 | | |
| 2. 野生动物专家 | | |
| 3. 汽车修理工 | | |
| 4. 木匠 | | |
| 5. 测量工程师 | | |
| 6. 无线电报务员 | | |
| 7. 园艺师 | | |
| 8. 长途公共汽车司机 | | |
| 9. 手工艺人 | | |
| 10. 电工 | | |

统计"是"一栏得分：_____

## I—研究型职业

| 问题：你喜欢做下列事情吗？ | 是 | 否 |
|---|---|---|
| 1. 气象学家或天文学家 | | |
| 2. 生物学家 | | |
| 3. 医学实验室的技术人员 | | |
| 4. 人类学学者 | | |
| 5. 动物学学者 | | |
| 6. 化学家 | | |
| 7. 数学家 | | |
| 8. 科学杂志的编辑或作家 | | |
| 9. 地质学家 | | |
| 10. 物理学家 | | |

统计"是"一栏得分：_____

## A—艺术型职业

| 问题：你喜欢做下列事情吗？ | 是 | 否 |
|---|---|---|
| 1. 乐队指挥 | | |
| 2. 演奏家 | | |
| 3. 作家 | | |
| 4. 摄影家 | | |
| 5. 记者 | | |
| 6. 画家 | | |

(续)

| 问题：你喜欢做下列事情吗？ | 是 | 否 |
|---|---|---|
| 7. 歌唱家 | | |
| 8. 作曲家 | | |
| 9. 电影/电视演员 | | |
| 10. 导演 | | |

统计"是"一栏得分：_____

### S—社会型职业

| 问题：你喜欢做下列事情吗？ | 是 | 否 |
|---|---|---|
| 1. 街道、工会或妇联干部 | | |
| 2. 小学、中学教师 | | |
| 3. 精神病医生 | | |
| 4. 婚姻介绍所工作人员 | | |
| 5. 体育教练 | | |
| 6. 福利机构负责人 | | |
| 7. 心理咨询员 | | |
| 8. 共青团干部 | | |
| 9. 导游 | | |
| 10. 国家机关工作人员 | | |

统计"是"一栏得分：_____

### E—企业型职业

| 问题：你喜欢做下列事情吗？ | 是 | 否 |
|---|---|---|
| 1. 厂长 | | |
| 2. 电影/电视剧制片人 | | |
| 3. 公司经理 | | |
| 4. 销售员 | | |
| 5. 不动产推销员 | | |
| 6. 广告部部长 | | |
| 7. 体育活动主办者 | | |
| 8. 律师 | | |
| 9. 个体工商业者 | | |
| 10. 企业管理咨询人员 | | |

统计"是"一栏得分：_____

### C—常规型职业

| 问题：你喜欢做下列事情吗？ | 是 | 否 |
|---|---|---|
| 1. 会计师 | | |
| 2. 银行出纳员 | | |
| 3. 税收管理员 | | |
| 4. 程序员 | | |
| 5. 簿记人员 | | |
| 6. 文员 | | |
| 7. 文书档案管理员 | | |
| 8. 打字员 | | |
| 9. 法庭记录员 | | |
| 10. 人口普查登记员 | | |

统计"是"一栏得分：_____

## 知识平台

### 一、兴趣和职业兴趣

每个人都有这样的感觉，当在做自己感兴趣的事情时会产生良好的心理体验。所以，兴趣能集中注意力，提高积极性，乐于探索，勤于工作，它不是与生俱来的，而是后天发展和培养起来的。

美国芝加哥大学心理学教授米哈里花了30多年的时间对几百位各行各业的人进行了访谈，研究什么东西能真正令人们感到幸福和满足。他发现，和人们通常想象的不同，不是人们很放松、什么事也不做（比如看电视）的时候，而是当人们专心致志地从事某种活动甚至忘我地完全沉浸在这种活动中的时候，他们感到最为愉快和满足。对不同的人而言，幸福和满足可能是跳舞，可能是演奏乐器、绘画，也可能是阅读、写作或即兴演讲等。

一个人对某种职业感兴趣，就会对该种职业活动表现出肯定的态度，并积极思考、探索和追求。这种兴趣我们就称之为职业兴趣。

### 二、兴趣与生涯发展的关系

首先，兴趣是职业生涯选择的重要依据。在现实生活中，兴趣与职业往往交织在一起。虽然我们将兴趣划分为职业兴趣和非职业兴趣，但二者之间往往很难区分，几乎每种兴趣都可以与某种职业联系起来。例如，逛商城、购物的兴趣可以演变为采购或者着装指导的工作，饲养小动物的兴趣可以与动物饲养人员、宠物医生、野生动物保护专家挂钩。很多人也的确将自己的业余爱好变成了自己的职业。例如，有的人因为喜欢收集地图而成为文物所的研究人员，也有的人因为喜好旅游而成立探险俱乐部并成为旅游器材经销商。这样的例子，比比皆是。

其次，兴趣可以提高工作效能。如果我们所从事的事情是自己所喜欢的，那么工作和生活会愉快得多，自己也会对这样的工作更有激情，更有可能在这样的工作中获得满足感。研究表明，一个人如果对一项工作有浓厚的兴趣，那么他可以发挥其全部才能的 80%～90%，并且可以长时间地保持精力和体力的充沛，不易疲倦；一个人如果对所从事的工作不感兴趣，那么他只能发挥其全部才能的 20%～30%，并且容易疲惫。

此外，兴趣与能力也有密切的关系。人们倾向于在他们感兴趣的事情上投入更多的时间，往往得以培养更强的能力。但需要注意的是，兴趣不等同于能力，兴趣测评的分数不代表能力的高低。因此，当进行职业兴趣的探索时，请不要考虑自己是否有能力做好某事，而只需考虑你对某一活动的好恶。由于有较强的能力，人们在从事自己喜欢的事情时就会感到得心应手，因此提高了对这些事情的兴趣，从而形成良性循环。大量的研究表明，职业兴趣与工作满意度、职业稳定性和职业成就感之间存在着明显的关联。正因为如此，生涯辅导界普遍将兴趣作为探索自我的一个重要方面，并研制出多种量表来测量人们的职业兴趣。

当然，并不是所有的兴趣都应该或能够在自己的职业中获得满足，兴趣也可以通过兼职、志愿活动、参加社团、业余爱好等多种方式来实现。

### 三、霍兰德的职业兴趣六角模型

美国学者霍兰德是著名的职业指导家，他于1959年提出了著名的职业兴趣理论。该理论将人的兴趣类型分为实际型 R（Realistic）、研究型 I（Investigative）、艺术型 A（Artistic）、社会型 S（Social）、企业型 E（Enterprising）、常规型 C（Conventional）。霍兰德从人格与环境相互作用的观点出发，将职业环境也划分为这六种模式，即我们在前面任务实施里进行探索的内容。

霍兰德将六种职业兴趣用一个六角模型来解释其相互间的关系（见图 2-2）。

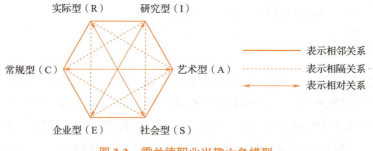

图 2-2　霍兰德职业兴趣六角模型

从图 2-2 可看出，每一种类型与其他类型之间均存在不同程度的关系，可以分成三类：

（1）相邻关系

相邻关系如 RI、IR、IA、AI、AS、SA、SE、ES、EC、CE、RC 及 CR。属于这种关系的两种类型的个体之间共同点较多，如实际型 R 与研究型 I 的人都喜欢安静，不太喜好人际交往；研究型 I 与艺术型 A 的人思想上都比较独立，不会人云亦云；艺术型 A 与社会型 S 的人做事都比较灵活，不太拘泥常规；社会型 S 与企业型 E 的人都热衷说服他人，比较爱与人际交往；企业型 E 与常规型 C 的人都看重他人的赞许，对外界的赞许比较悦纳；常规型 C 与实际型 R 的人做事都比较细致，能够按部就班地工作。

（2）相隔关系

相隔关系如 RA、RE、IC、IS、AR、AE、SI、SC、EA、ER、CI 及 CS。属于这种关系的两种类型的个体之间共同点较相邻关系少，我们在此不详细讨论。

（3）相对关系

在六边形上处于对角位置的类型之间即为相对关系，如 RS、IE、AC、SR、EI 及 CA。属于这种关系的两种类型的个体在某些方面存在着相反性。例如，R 型人通常不太主动与人交往，甚至是回避；而 S 型人则会主动与人交往，甚至离不开人际交往。I 型人通常思想独立，不会轻易受到他人的影响；而 E 型人通常希望掌控他人的思想，而不仅仅是影响他人行为。A 型人大脑中通常没有条条框框，具有创新和创造能力；而 C 型人通常看重各种规范，做事循规蹈矩。

人们通常倾向选择与自我兴趣类型匹配的职业环境，如具有实际型兴趣的人希望在实际型的职业环境中工作，从而最好地发挥个人的潜能。但职业选择中，个体并非一定要选择与自己兴趣完全对应的职业环境。一则因为个体本身通常是多种兴趣类型的综合体，单一类型显著突出的情况不多，因此评价个体的兴趣类型时也时常以其在六大类型中得分居前三位的类型组合而成，组合时根据分数的高低依次排列，构成其兴趣组型，如 RCA、AIS 等；二则因为影响职业选择的因素是多方面的，不能完全依据兴趣类型，还要参照社会的职业需求及获得职业的现实可能性。因此，职业选择时会不断妥协，寻求相邻职业环境甚至相隔职业环境。在这种环境中，个体需要逐渐适应工作环境。但如果个体寻找的是相对的职业环境，意味着所进入的是与自我兴趣完全不同的职业环境，那么工作起来就可能难以适应，或者难以做到工作时觉得很快乐，甚至可能每天会很痛苦。

## 任务评价

完成任务 2-3 的学习之后，请大家从课堂参与、实践内化、价值认同三个维度进行任务评价。注意，表 2-11 采用赋分制，每一项的分值为 0～25 分，请你根据实际的情况为自己赋分。同时，对本学习任务的知识内容进行复盘，将自己的反思与总结写在表 2-11 内。

表 2-11　寻找职业兴趣的任务评价

| 任务评价点 | | 赋分 | 反思与总结 |
|---|---|---|---|
| 课堂参与 | 能积极、认真地完成任务 | | |
| 实践内化 | 能运用职业兴趣测评方法，开展自我探究 | | |
| 实践内化 | 能结合自身情况完成任务，且有一定的质量和创意 | | |
| 价值认同 | 认可职业兴趣测评方法的价值 | | |
| 总分 | | | |

## 任务 2-4　确定职业能力

### 任务目标

确定你的职业能力。

### 任务要求

回忆自己以往人生中的重大节点或有所成就的事件，思考自己在面临抉择和挑战时是如何突破的，以此来确定自己的内在驱动力和能力。

### 任务实施

成就故事分析，选择 3 件你认为最重要的成就事件，分别从背景、目标、行动、结果四个维度进行阐述，填写表 2-12。

表 2-12　成就事件回忆

| 成就事件 | 事件1： | 事件2： | 事件3： |
|---|---|---|---|
| 背景（Situation） | | | |
| 目标（Target/Task） | | | |
| 行动（Action） | | | |
| 结果（Result） | | | |

## 知识平台

## 一、什么是能力

### （一）能力的概念

能力是人们顺利实现某种活动的心理条件，它不仅包含了一个人现在已经达到的水平，而且包含了一个人所具有的潜力。

### （二）能力的分类

能力根据其倾向性，分为特殊能力和一般能力。特殊能力又称专门能力，是指上天赋予每个人的特殊才能，如音乐能力、运动能力等。它是与生俱来的，是一种潜能，有可能因未被开发而荒废。遗传、环境和文化都可以影响天赋的发展。

一般能力也称技能，是指人们通过后天学习和练习而获得的能力，通常表现为某种动作系统和动作方式。能力范畴中的技能（skill）则是指结合后天学习和练习而形成的能力，如阅读能力、人际交往能力、表达能力等。在个人成长的过程中，从什么也不会做的小婴儿到一个生活自理，能够看、听、说、行走、阅读、写字的普通成年人，其实我们每个人都已经学会了无数的技能。

技能可以分为专业技能、可迁移技能和自我管理技能三类。

1. 专业技能

专业技能是指具体的、专业化的、针对某一特定工作的基本技能。例如，会计记账、教师讲课、IT工程师编程、医疗人员看病等。这些涉及的学科有汽车制造、C语言、医学、经济学、历史学等。专业技能的显著特点是需要经过有意识的、专门的学习培训，在通过记忆掌握特殊的词汇、程序和学科的基础上获得。专业技能可迁移的可能性小，是一个人成为职业化人士的基本条件。

2. 可迁移技能

可迁移技能是指在某一环境中获得，并可以有效地移动到其他不同的环境中去的技能，是能巩固、持续运用和最能依靠的技能。如某人从事保险推销员练就了善于与人沟通交往的技巧，在其当上公司的销售经理时，也极有可能运用这些技巧去同客户打交道，建立良好的关系。总体上看，可迁移技能因其可迁移性、普遍性和实用性，可以分为交流表达能力、数字运算能力、创新能力、自我提高能力、与人合作能力、解决问题能力、组织策划能力、信息处理能力、外语应用能力、学习能力、管理能力（包括管理自己）。

3. 自我管理技能

自我管理技能经常被看作个性品质而非技能，因为它们被用来描述或说明人具有的某些特征。它涉及人在不同的环境下如何管理自己：是勇于创新还是循规蹈矩，是认真负责还是敷衍了事，能否在压力下保持镇定，对工作是否有热情，是否自信等。

## 二、探索自我能力

能力总是和人完成一定的活动联系在一起。能力是在活动中形成、发展和表现出来的。比如，在绘画活动中，一个学生在色彩鉴别、空间比例关系的估计等方面都很强，画得特别逼真，我们说他具有绘画能力。倘若一个人不参加某种活动，我们就难以确定他具有什么能力。离开了具体活动，既不能表现人的能力，也不能发展人的能力，所以人的能力要在具体的事件和活动中体现和发展。

当一个人的能力和工作的要求相匹配时，最容易发挥自己的潜能，并且获得一种满足的感觉。相反，当一个人去做自己力所不及的工作时，就会感到焦虑，甚至产生挫败感。而当一个人的能力超出工作要求太多时，又容易感到工作缺乏挑战，比较乏味。因此，在选择职业时，我们同样要寻求个人能力与职业技能要求的适配。

那么，我们该如何对自身已有的能力进行探索呢？

### （一）STAR 法则

STAR 法则是背景（Situation）、目标（Target/Task）、行动（Action）、结果（Result）四项的缩写，就是一种讲述自己故事的方式，或者说，是一个清晰且有条理的叙事模板。合理熟练运用此法则，可以轻松地描述事物的逻辑方式，表现出自己分析阐述问题的清晰性、条理性和逻辑性。我们在任务 2-4 实施环节做的成就故事回忆运用的就是 STAR 法则。

**背景（Situation）：**
事情是在什么情况下发生的？
当时背景是什么？
什么原因让你去做这件事？

**目标（Target/Task）：**
你的任务是什么？
你是如何明确你的任务的？
你希望达到什么样的目标？

**行动（Action）：**
你采取了哪些行动来达成目标？
你在整件事中的角色是什么样的？
你遇到了哪些困难，是如何解决的？

**结果（Result）：**
结果是什么？
结果产生了什么影响？
你学习到了什么？
具体有哪些数据？

## （二）乔哈里窗

乔哈里窗是关于沟通的技巧和理论，也被称作"自我意识的发现—反馈模型"，最初由美国心理学家乔瑟夫和哈里于 20 世纪 50 年代提出。如图 2-3 所示，它将信息沟通比作一扇窗，依据人际传播双方对传播内容的熟悉程度，将沟通信息划分为公开区、隐藏区、盲区和潜能区四个区域。乔哈里窗逐渐成为被广泛使用的管理模型，用来分析以及训练个人发展的自我意识，增强信息沟通、人际关系、团队发展、组织动力以及组织间关系。

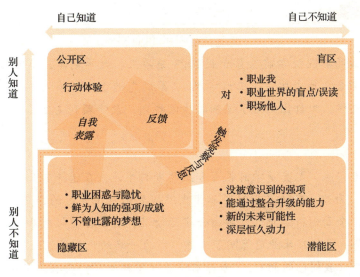

图 2-3　乔哈里窗

## 任务评价

完成任务 2-4 的学习之后，请大家从课堂参与、实践内化、价值认同三个维度进行任务评价。注意，表 2-13 采用赋分制，每一项的分值为 0～25 分，请你根据实际的情况为自己赋分。同时，对本学习任务的知识内容进行复盘，将自己的反思与总结写在表 2-13 内。

表 2-13　确定职业能力的任务评价

| | 任务评价点 | 赋分 | 反思与总结 |
|---|---|---|---|
| 课堂参与 | 能积极、认真地完成任务 | | |
| 实践内化 | 能运用职业能力测评方法，开展自我探究 | | |
| | 能结合自身情况完成任务，且有一定的质量和创意 | | |
| 价值认同 | 认可职业能力测评方法的价值 | | |
| | 总分 | | |

## 课后练习

1. 在课后组织"为社会主义核心价值观代言"的主题班会或演讲比赛活动。
2. 根据所学内容,结合相关测评工具和方法,从职业价值观方面剖析自己。
3. 根据所学内容,结合相关测评工具和方法,从职业性格方面剖析自己。
4. 根据所学内容,结合相关测评工具和方法,从职业兴趣方面剖析自己。
5. 根据所学内容,结合相关测评工具和方法,从职业能力方面剖析自己。

## 应用案例

### 走适合自己的职业路

程同学是某高职院校学前教育专业2023届学生。大学期间,她曾获得省政府奖学金、校一等奖学金、优秀团员、三好学生、"军训先进个人"等荣誉。大三时,她经过全方面的自我测评,为自己制定了详细的生涯规划,最终顺利走上了适合自己的职业发展道路。

**程同学的分享:**

作为一名专科生,尤其是学前教育专业的专科生,我在选择专升本还是直接就业的问题上很纠结。为此,我认真回忆了职业生涯规划课程上学习的内容,找到老师帮助,借用工具测评,全面剖析了自己,再结合实际情况,我选择直接就业。之后,我为就业做了充分的准备,最终在毕业前落实了工作,成为一名幼儿教师。

回归到那个让我纠结的问题,"专升本还是直接就业?",我有几点感受。

**一、专升本会更适合热爱课堂学习的同学**

在选择专升本与否时,老师问了我一些问题:你热爱学习吗?你会投入所有课余精力在学习上吗?在复习的过程中你是痛苦的还是享受的?假如升入本科后,你是继续潜心学习还是"摆烂"等文凭?如果成功升本,你还会选择原来的职业道路吗?这一系列问题的答案帮助我剖析自己。相比课堂学习,我更期待早点学以致用,在实践中不断提高自己,这也是我放弃专升本的部分原因。

**二、清晰的职业规划有助于顺利就业**

做职业生涯咨询过程中,在老师的指导下,我清楚了解到自己的MBTI职业性格是ESFP型,霍兰德职业兴趣是ASI型,职业价值观偏向于利他主义和人际关系,综合各方面,我很快确定了自己的职业目标和专业学习是完全符合的,这也增加了我的专业自信。于是,我把大部分精力投入专业学习和技能锻炼上,打下了扎实的专业技能基础,这对我在求职时的技能展示起到很好的作用。同时,在老师的引导下,我很早就开始收集各种招聘信息,针对各岗位需求,努力去补齐落差,我的简历内容也随之丰富起来。

在求职道路上还有非常重要的一点,就是求职技巧的提升。在最后一次面试前,我已经积累了好几家单位的面试经历,并总结了一些应对技巧,这让我在最终的面试交流环节应答自如。面试经验也是就业指导老师着重强调的。就业机会总是留给有充分准备的人，我很庆幸找到了适合自己的道路。

**案例思考：**

作为高职院校的学生，在毕业的那一年，大多数同学会纠结一个问题：选择专升本还是直接就业？这并不是简单的选择题。往远了说，升本与否将关系同学们未来的职业发展；往近了说，无论是否升本，都会直接决定同学们毕业前的这一年怎么过：是为升本的考题挑灯夜读，还是投身实习为就业积累经验？正如程同学那样，在做与职业生涯发展相关的抉择时，借助专业的生涯测评工具进行判断，咨询生涯规划师做澄清，询问朋辈家人做评价，再综合自己实际情况去做决定，这样经过多方"会诊"后，才帮助自己找到了适合自己的职业发展道路。

## 项目 3　探索职业世界

千淘万漉虽辛苦，吹尽狂沙始到金。
————唐·刘禹锡《浪淘沙·其三》

**项目要求：**
了解与职业相关的概念；
掌握探索职业世界的内容，学习并实践其具体的方法。

## 任务 3-1　绘制家族职业树

### 任务目标

了解职业概念和职业分类。

### 任务要求

请绘制家族职业树。

### 任务实施

**步骤 1**　请在图 3-1 中填写家族成员及其职业。

**步骤 2**　思考职业与人的关系。

- 亲戚们从事的职业是：＿＿＿＿＿＿＿＿＿＿＿＿＿＿＿＿＿＿＿＿＿＿＿＿＿＿＿
- 父母如何形容自己的职业？他们平时会提到哪些职业？是如何描述的？

＿＿＿＿＿＿＿＿＿＿＿＿＿＿＿＿＿＿＿＿＿＿＿＿＿＿＿＿＿＿＿＿＿＿＿＿＿＿

- 父母的想法对我的影响是：＿＿＿＿＿＿＿＿＿＿＿＿＿＿＿＿＿＿＿＿＿＿＿＿
- 家族中还有谁对职业的想法对我影响深刻？他们是怎么说的？

＿＿＿＿＿＿＿＿＿＿＿＿＿＿＿＿＿＿＿＿＿＿＿＿＿＿＿＿＿＿＿＿＿＿＿＿＿＿

- 家族中彼此羡慕的职业是：＿＿＿＿＿＿＿＿＿＿＿＿＿＿＿＿＿＿＿＿＿＿＿＿

图 3-1　家族职业树

- 对他们的想法我觉得：_____
- 我觉得家人对我未来选择职业的影响是：

  _____
- 哪些职业是我不会考虑的：_____
- 哪些职业是我会考虑的，按照先后顺序排列：

  _____
- 选择职业时，我还重视哪些条件：_____

### 知识平台

## 一、什么是职业

### (一) 职业的概念

美国著名哲学家、心理学家杜威从实用主义哲学观点出发，认为职业是人们从中可以得到利益的一种生活活动。

美国经济学家舒尔茨认为，职业是一个为了不断取得个人收入而连续从事的、具有市场价值的特殊活动，这种活动决定着从业者的社会地位。

我国学者比较认同的职业定义，是指人们为了谋生和发展而从事的相对稳定、有经济收入和特定类别的社会劳动。职业不仅是人们谋生的手段，也是人们与社会进行交往的一种渠道，同时更是一个人实现人生价值的场所，从这个角度看，职业问题不是简单的工作问题，职业生涯规划和发展也不仅仅是找一份满意的工作而已。

### （二）职业的内涵

细节决定成败，将职业的五个内涵理解清楚有助于同学们进行合理的职业生涯规划。

1. 参与社会分工

社会分工是指人参与各种劳动的具体责任划分，具有独立化和专业化的特点，没有社会分工，劳动时间将大大增加，生产效率也会随之降低。这就好比大企业并非要靠领导事必躬亲，而是将不同的工作交给相应的部门来解决，以达到更高的办事效率。

2. 需要专业的知识与技能

这是进入职场的必备能力。拥有良好的专业知识与技能，才能让你在面对工作时表现得游刃有余。

3. 运用技能创造财富

财富包括物质财富和精神财富，它们的创造方式又可以分为直接创造和间接创造。财富创造形式的多样性要求人们拓宽眼界，不拘泥于单调的职业模式。

4. 获得合理报酬

职场存在着各种选择，保持一颗正直的心，通过自己的努力来获得合理的报酬是十分重要的。过高或者过低的期望报酬都不利于自身的职业发展。

5. 满足自己的需求

根据马斯洛关于人的需求的理论，物质生活的需求要通过金钱去购买生活的必需品来满足，而精神上的需求则是来自同伴或者自身的认同感、喜悦感、满足感等。这些需求决定着一个人能否安心工作，也影响着人们的择业就业观。

## 二、职业分类

深入了解目标行业和职业以及职位的需求状况，结合自身特点评估外部职业机会，有助于同学们选择适合自己的职业。

### （一）工作世界地图

普里蒂奇（Prediger，1993）在霍兰德六角模型的基础上做了一些调整，增加了人－事物、资料－概念两个维度。人－事物维度分别表示与人相关的工作，如为人们提供服务、帮助他人等；与物相关的工作，如机械、生物、材料等。资料－概念维度分别表示与具体事实、数字、计算等打交道的工作和用理论、文字、音乐等新方式表达或运作的工作。

美国大学考试中心（ACT）把普里蒂奇的研究进一步推向深入，在兴趣的两维基础上，将职业群体的具体位置标定在坐标图上，从而得到工作世界地图（见图3-2）。该图共分为12个区域，共有20个职业群被标定在图中。学生可根据自己的兴趣类型在该图中的位置，通过与不同职业群的远近位置比较，进一步扩展与自己职业兴趣相关的工作搜寻范围。

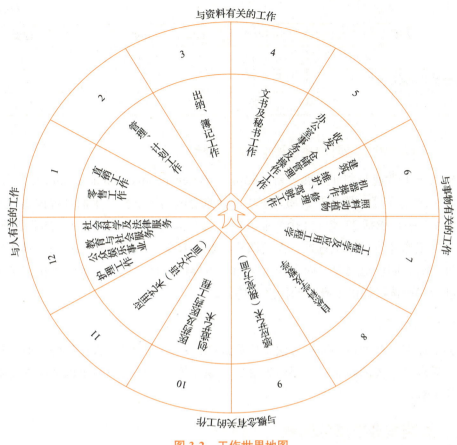

图 3-2　工作世界地图

### (二)《中华人民共和国职业分类大典》

我国的职业分类结构包括四个层次，即大类、中类、小类和细类，依次体现由大到小的职业类别。细类是我国职业分类结构中最基本的类别，即职业。《中华人民共和国职业分类大典》（2022年版）将我国社会职业归为 8 个大类，79 个中类，449 个小类，1636 个细类（职业）。8 个大类见表 3-1。

表 3-1　我国社会职业的分类（2022 版）

| 大类 | 中类 | 小类 | 细类 |
| --- | --- | --- | --- |
| 党的机关、国家机关、群众团体和社会组织、企事业单位负责人 | 6 | 16 | 25 |
| 专业技术人员 | 11 | 124 | 489 |
| 办事人员和有关人员 | 4 | 12 | 36 |
| 社会生产服务和生活服务人员 | 15 | 96 | 357 |
| 农、林、牧、渔业生产及辅助人员 | 6 | 24 | 54 |
| 生产制造及有关人员 | 32 | 172 | 670 |

(续)

| 大类 | 中类 | 小类 | 细类 |
|---|---|---|---|
| 军队人员 | 4 | 4 | 4 |
| 不便分类的其他从业人员 | 1 | 1 | 1 |
| 合计 | 79 | 449 | 1636 |

### （三）全国大学生学业与职业发展平台职业分类

全国大学生学业与职业发展平台（https：//xz.chsi.com.cn/home.action，以下简称学职平台），由教育部学生服务与素质发展中心（原全国高等学校学生信息咨询与就业指导中心）主办。平台囊括23类112个职业方向，每个词条下含11个条目，涵盖职业定义、任务职责、工作环境、知识背景、大学课程、职业技能、从业资格、常用工具、发展前景、薪酬待遇、职业道德等，内容翔实全面，指导性和借鉴性强，为学生快速了解目标职业、进行职业选择提供了有力的信息支持。

### （四）其他常见分类方法

社会上还有一些通俗的分类方法，比如最热门的职业、最受人尊敬的职业、最赚钱的职业、需求量最大的职业、发展前景最好的职业等，这些分类也可以帮助学生对职业有更多的了解。

## 三、影响职业发展的因素

职业发展受到社会、经济、文化等多种因素的影响，具体可以概括为以下几个方面：

1）技术进步。技术的快速发展和创新对职业变革产生了巨大的影响。新技术的出现使得某些职业逐渐消失，同时也创造了新的职业机会。

2）经济变化。经济的衰退或增长对职业市场产生了重要影响。当经济不景气时，许多行业可能会裁员或减少招聘；而当经济繁荣时，则会出现更多的就业机会。

3）教育水平。教育水平的提高可以提供更多的职业技能和知识，从而促进职业变革。受过高等教育的人通常更容易适应新的技术和工作方式。

4）社会需求。社会对某些职业的需求也可能促进职业变革。例如，随着老龄化人口的增加，护理和医疗行业的需求也在增加。

5）政策和法规。政府的政策和法规也可以影响职业变革。例如，环境保护法规的加强可能导致某些污染严重行业的衰落，而新兴产业的发展则可能带来新的就业机会。

6）全球化。全球化使得跨国公司和国际劳动力流动更加频繁，这也促进了职业变革。人们可以在全球范围内寻找更好的工作机会，同时也面临着更多的竞争和挑战。

7）个人选择。个人的价值观、兴趣爱好和职业规划也会影响职业变革。有些人可能更愿意追求稳定的工作，而另一些人则更愿意冒险尝试新的职业领域。

## 任务评价

完成任务 3-1 的学习之后，请大家从课堂参与、实践内化、价值认同三个维度进行任务评价。注意，表 3-2 采用赋分制，每一项的分值为 0～25 分，请你根据实际的情况为自己赋分。同时，对本学习任务的知识内容等进行复盘，将自己的反思与总结写在表 3-2 内。

表 3-2　绘制家族职业树的任务评价

| | 任务评价点 | 赋分 | 反思与总结 |
| --- | --- | --- | --- |
| 课堂参与 | 积极执行课程项目任务 | | |
| 实践内化 | 通过学习，掌握职业的概念、内涵和分类 | | |
| 价值认同 | 能正确认识职业的价值 | | |
| | 通过任务驱动，对职业生涯规划的意识有一定提升 | | |
| 总分 | | | |

# 任务 3-2　探索职业与专业

## 任务目标

了解职业与专业的关系。

## 任务要求

以头脑风暴形式拓展职业范围的思考。

## 任务实施

**步骤 1**　请用头脑风暴法列举出与手机相关的尽可能多的职业，并将所有联想到的职业都记录在下面的空白处。

**步骤 2** 小组讨论：你从这个活动中得到了什么启发？

## 知识平台

### 一、有关职业的一些基本事实

通过这个活动，学生可以了解到一件物品的制造涉及许多的人和职业，比如从管理到制造、从研发到市场。这说明有很多专业和技能是相通的。因此，同一个专业可以从事多种职业。比如，机械设计专业毕业的学生，不仅可以从事售前工程师等与人打交道的工作，也可以做研发等与概念相关的工作。当我们用更广阔的思路来看待职业时，会更容易理解下面的一些基本事实：

（1）目前有超过2万种职业，对于大多数人来说，有数种职业适合他们。
（2）调查表明，各个经济收入阶层和各个行业领域都有许多人热爱自己的工作。
（3）没有哪一种工作能够完全满足你所有的需要。所有工作都有其局限性。你需要通过其他活动来平衡你的生活，唯有如此才有可能感觉到完满。
（4）工作市场和经济形势时常发生变化，甚至是急剧的变化。有的行业在目前可能充满了机会，但却会在未来几年内饱和。

所以每个学生都有可能找到属于自己的那份工作，只是需要做好心理准备：这是一个过程，对不同的人，过程也会有长短；变化是其中必然要面对的。一个决定可能不会持续一生，也常常伴随着风险，因此个人需要不断调整和变化才能保持满意度。

### 二、专业与职业的关系

职业与专业之间存在着密切的关系。大学生在探索工作世界时，应了解和自己专业相关的职业有哪些。学习专业知识的目的是帮助人获得更好的发展，而不是限制人的发展。

首先，专业是职业的基础。一个人选择某个专业，通常是因为他们对该领域有浓厚的兴趣或者具备相关的技能和知识背景。专业提供了一种系统化的学习和培训方式，帮助学生掌握所需的专业知识和技能，为他们未来的职业发展打下基础。

其次，专业与职业之间相互关联。某些专业的毕业生更有可能进入特定的职业领域工作。例如，学习医学的学生更有可能成为医生或护士，学习工程学的学生更有可能从事工程设计或制造等工作。专业为学生提供了一种就业方向，使他们能够更好地适应特定职业的要求。

专业还可以影响一个人的职业发展和晋升机会。拥有相关专业的学位可以增强个人在职场上的竞争力，提高他们获得理想职位的机会。同时，一些职业对专业的要求较高，只有具备相关专业背景的人才能够胜任这些职位。

然而，虽然专业与职业之间存在紧密的联系，但并不是所有的专业都直接对应于特定的职业。有些专业的毕业生可能会选择从事与所学专业不直接相关的职业。此外，随着社会的发展和变化,一些新兴的职业涌现出来,这些职业可能与传统的专业并不完全对应。因此,在选择专业时,除了考虑个人兴趣和能力外,还应该综合考虑就业前景和个人发展规划等因素。

### 三、终身教育成为职业生涯发展的必然

如今,继续教育和终身学习既是一个人职业生涯持续发展的必要条件,也是一个人完善自我的需要。一般而言,继续学习的途径包括专升本(成教、自考、网络教育、普通高校专升本)、考研、出国、在职培训、实习、资格认证等。哪种形式更适合自己,则要从时间、经济、能力、针对性等多角度去了解与考虑。

### 任务评价

完成任务 3-2 的学习之后,请大家从课堂参与、实践内化、价值认同三个维度进行任务评价。注意,表 3-3 采用赋分制,每一项的分值为 0~25 分,请你根据实际的情况为自己赋分。同时,对本学习任务的知识内容等进行复盘,将自己的反思与总结写在表 3-3 内。

表 3-3 探索职业与专业的任务评价

| | 任务评价点 | 赋分 | 反思与总结 |
| --- | --- | --- | --- |
| 课堂参与 | 能积极、认真地完成任务 | | |
| 实践内化 | 掌握了职业与专业的关系,能结合自身专业考虑未来职业发展方向 | | |
| 价值认同 | 认识自身专业的价值 | | |
| | 对职业生涯规划的意识有一定提升 | | |
| 总分 | | | |

## 任务 3-3　掌握职业世界的现状及发展趋势

### 任务目标

了解职业世界的现状及发展趋势。

### 任务要求

探索社会经济发展对职业世界的影响。

### 任务实施

**步骤1** 如图3-3所示，小组讨论并介绍四次工业革命的相关情况。

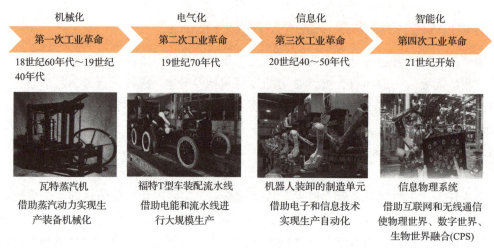

图3-3 四次工业革命

**步骤2** 小组讨论：下面这段材料摘自李开复的演讲"AI时代，比失去工作更严重的是失去生活的意义"。请讨论AI会取代哪些职业、AI会不会毁灭人类（终结者）。

这张图（见图3-4）当然不是完美的，但它指出了四种我们能与人工智能一同合作的方法。人工智能将带来并带走规律性工作，同时，我们将感到欣慰。人工智能将成为创造者很好的工具，所以科学家、艺术家、音乐家和作家能够变得更有创造力。人工智能将以分析工具的方式与人们工作，所以人们可以将他们的温暖倾注于高同情性的工作。我们可以用具独特能力，并同时是具同情心和创造力的工作将自己区分开来，运用并影响我们不可取代的头脑和内心。所以你可以看到：人类与人工智能共存的蓝图。人工智能是凑巧的。它的到来将我们从规律性工作中解放出来，它的到来也提醒我们是什么使我们成为人类。所以让我们欣然接受人工智能并彼此相爱。

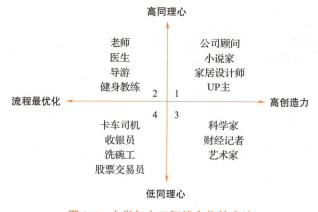

图3-4 人类与人工智能合作的方法

## 知识平台

### 一、宏观职业世界现状

宏观职业世界现状包括劳动力供求关系、各地区各行业的需求分布、职业生涯的理念等内容。职业世界信息的实时性很强,因此在应用这些信息时应当注意其时效性。

#### (一)供求状况

总体而言,中国劳动力市场上劳动力的供给大于需求。但经济学家蔡昉提出,中国劳动力无限供给的时代正在结束。全国劳动年龄人口的比例也停止提高,稳定若干年后则呈现降低的趋势。这意味着在未来几年中,整体就业趋势将逐渐好转,人力成本将逐渐提升。

#### (二)结构性失业问题

结构性失业是经济、产业结构变化以及生产形式、规模变化促使劳动力结构进行相应调整而导致的失业。由于我国正在对经济结构进行重大调整,相应地,劳动力结构必然要进行同步调整,这不可避免地会造成结构性失业。这就意味着劳动供给过剩和短缺并存,失业不是因为缺乏就业机会,而是合格的劳动力不足。其中,高级技术人才和高级管理人才尤为短缺。

### 二、职业世界的发展趋势

随着科技的进一步发展、社会生产力的不断提高,人类对自然界改造的深度和广度将进一步加强,新的工作岗位将不断涌现,给人们带来新的就业机会。据有关专家预测,今后每10年将会发生一次全面的"职业大革命",其中,重大变化大约每两年就会有一次。把握21世纪职业变革的趋势,成功开拓自己未来的职业生涯,是大学生必须关注的一个现实话题。

#### (一)全球化趋势

全球化指的是物质和精神产品的流动冲破区域和国界的束缚,影响到地球上每个角落的生活。未来的世界是全球化的世界,择业与创业也呈现出全球化的趋势。因此,大学生在进行职业生涯规划时,也应当具有一定的国际化视角,将自己放到更广阔的平台上,提前做好技能、心理等方面的准备,以积极的姿态应对将面临的各种情况。

#### (二)信息化趋势

信息化是指由计算机和互联网生产工具的革命所引起的工业经济转向信息经济的一种社会经济过程。它包括信息技术的产业化、传统产业的信息化、基础设施的信息化、生产方式的信息化、生活方式的信息化等几个方面。信息化是一个相对概念,它对应的是社会整体及各个领域的信息的获取、处理、传递、储存、利用的能力和水平。

信息化给我国的经济发展尤其是职业发展带来了诸多机遇。信息化是决定"职场"成功的关键因素，也是实现跨地区、跨行业、跨所有制，特别是跨国经营的重要前提。信息正在悄悄重构经济形态与社会形态，工业化、城镇化、市场化和国际化进程的加快，为信息化"职场"的发展带来了巨大的挑战和发展机会。

### （三）高科技产业化趋势

一般认为，高科技是一种人才密集、知识密集、技术密集、资金密集、风险密集、信息密集、产业密集、竞争性和渗透性强，对人类社会的发展进步具有重大影响的前沿科学技术。高科技是无国界的，高科技产业化在 21 世纪的职业发展趋势中将占据重要地位。

### （四）文化创意产业化趋势

文化创意产业本质上是以创意和知识为核心的产业，核心价值是其产品具有精神内涵，是一种文化资源与其他生产要素紧密结合，文化、科技与经济相互渗透、相互交融、互为条件、优化发展的经济模式。近年来，随着文化产业的兴起，创意产业成为创业领域的关注热点，成为新一轮经济发展水平与国家软实力竞争的重要指标。

创意产业的兴起是产业发展演变的新趋势。创意产业既具备知识服务业的业态，又有以下特征：创意产业是高附加值产业，具有很强的渗透性；创意企业人员主要是知识型劳动者，是能激发出创意灵感的设计高手、特殊"专才"；创意产品是文化与技术相互交融、集成创新的产物，呈现出智能化、特色化、个性化、艺术化的特点；产业技术向数字化、知识化、可视化、柔性化方向发展；产业组织呈现集群化、网络化，企业组织呈现小型化、扁平化、个体化、灵活化的特点；企业管理向信息化、网络化、知识化管理的方向发展。

### （五）自由职业化趋势

自由职业化趋势是指未来终身依附一个组织的固定职业不断削弱，独立的、不依赖于任何组织的自由职业不断产生。这是因为在这样一个日新月异的高科技信息时代，固定职业的模式已不能保证最为有效地完成各种任务，因为我们最有效的生产方式已经发生了改变。事实上，许多成功的组织在实现其目标的过程中，对固定职业的依赖性已经大大减少。这就是为什么今天传统的固定职业中有相当一部分正在被临时性工作、项目分包、专家咨询、交叉领域的合作团队或者自我管理的自由职业者所代替。

自由职业化趋势还包括人们从事第一职业的同时，可能兼职做第二份、第三份工作。除了有的行业和组织不允许兼职之外，大多数组织对工作人员的兼职采取宽容的态度。

全球化、信息化、高科技产业化、文化创意产业化、自由职业化互为依托，将共同繁荣新时代职业世界的发展。

## 三、传统职业生涯信念与新兴职业生涯信念的区别

传统职业生涯信念与新兴职业生涯信念的比较如表 3-4 所示。

表 3-4 传统职业生涯信念与新兴职业生涯信念的比较

| 传统职业生涯信念 | 新兴职业生涯信念 |
| --- | --- |
| **重视忠诚和工作任期**<br>• 接受工作稳定的职业生涯模式<br>• 忠诚于公司，公司将以延长工作任期作为奖励<br>• 经常需要员工为公司利益做出牺牲 | **重视承诺和绩效**<br>• 接受实现个人理想的职业生涯模式<br>• 忠诚于增强信心的理想，人生的价值是做贡献和适应新的要求<br>• 认为团队协作和彼此忠诚是最重要的 |
| **成长**<br>• 成长就相当于晋升<br>• 逐级晋升就等于成功 | **成长**<br>• 成长与个人发展和人生意义相关，尤其要扩大知识面，提高技能水平<br>• 从事个人认为有意义的活动就等于成功 |
| **员工发展**<br>• 组织重视员工发展<br>• 员工重视组织所提供的职业生涯道路，通过获得组织认为重要的技能寻求保障<br>• 组织对员工的职业发展负责 | **个人发展**<br>• 组织重视个人发展<br>• 最成功的工作环境会鼓励个人不断学习和进步<br>• 个人对自己的职业发展负责 |
| **绩效**<br>• 个人保障与受雇时间长短有关<br>• 个人应该在同一家公司长久供职 | **暂时性**<br>• 个人保障与个人能力和适应性挂钩<br>• 个人可能不在同一家公司长久供职 |
| **组织模式**<br>• 组织相当于一个小家庭，"妈妈和爸爸"（高级管理人员）会照顾我们 | **组织模式**<br>• 组织相当于一个大家庭，重要的是伙伴关系和关系网格，服务是共享的 |
| **组织体制**<br>• 以职位等级为基础，由具体的工作组成 | **组织体制**<br>• 以要做的工作为基础，由合同、联盟和网格组成 |

传统职业生涯信念与新兴职业生涯信念最大的区别在于：前者认为组织应当为员工的职业生涯发展负责，而后者认为个人应当为自己的职业生涯发展负责。在传统职业生涯信念中，员工是从属于组织的，组织好像父母一样应当照顾员工，同时员工应当以组织为家，以组织利益为第一，以被组织认可、获得升职为法则。在新兴职业生涯信念中，组织和个人的关系更像是合作者，组织向个人提供横向的职业发展，而个人在接受新的工作或任务时能够不断学习新的技术与知识，以适应组织的需要，同时提升自己的专业能力和就业竞争力。

### 任务评价

完成任务 3-3 的学习之后，请大家从课堂参与、实践内化、价值认同三个维度进行任务评价。注意，表 3-5 采用赋分制，每一项的分值为 0～25 分，请你根据实际的情况为自己赋分。同时，对本学习任务的知识内容等进行复盘，将自己的反思与总结写在表 3-5 内。

表 3-5  掌握职业世界现状及发展趋势的任务评价

| 任务评价点 | | 赋分 | 反思与总结 |
| --- | --- | --- | --- |
| 课堂参与 | 能积极认真地完成任务 | | |
| 实践内化 | 掌握了职业世界现状和发展趋势，能思考意向职业的未来发展趋势 | | |
| 价值认同 | 关注职业世界的发展和革新 | | |
| | 对职业生涯规划的意识有一定提升 | | |
| 总分 | | | |

## 任务 3-4　访谈生涯人物

### 任务目标

形成预期职业库并尝试探索职业世界。

### 任务要求

完成生涯人物访谈。

### 任务实施

**步骤 1**　学习知识平台中的相关知识，形成自己预期的职业库，填写在下面的空白处。

步骤 2　分析职业库，找出可能最适合自己的职业。

步骤 3　确定访谈对象，在下面的空白处整理访谈问题，然后开展生涯人物访谈。

### 知识平台

## 一、形成自己预期的职业库

很多大学生不知道如何进行工作世界的探索，其中一个很重要的原因就是工作世界的信息浩如烟海，根本搞不清应该从哪儿入手，更谈不上如何进行。如果有一个探索范围，则会容易很多。

通过前文的自我探索可以帮助个人初步形成一个探索的范围。自我探索中的兴趣、性格探索，都有相应适合的职业进行匹配。此外，每个人还有自己心目中理想的职业，可以通过头脑风暴的形式把它们列出来，这样就获得了一个职业清单比较这些职业的共同点，就可能启发你想到更多值得探索的职业。结合你的能力和价值观再次从职业清单中进行筛选，最终就得到你预期的职业库。

简单举例来说，一位学生小 A 期待做商业方面的工作，但是具体选择什么工作因其对社会还不太了解而难以决定。性格探索的结果是他适合做人力资源管理者、咨询顾问、教师等，兴趣探索的结果是他应该做社工、教师、培训人员等，能力探索的结果是他可以做教育、销售、客户服务等工作，价值观探索的结果是他期待做服务、自由职业、护理等工作。从小 A 职业探索得出的各种选择中我们可以看到，教师职业、教育工作出现的频次最高，社工、客户服务、服务、护理等虽然名称不同，但都明显体现了帮助他人的特点。所以最适合小 A 的职业首先具有与人打交道、帮助他人的特点，其次还有沟通性、商业性等特点，可以先列出或搜索符合这些特点的职业，比如培训、咨询顾问、客户服务等，然后再进行详细调查。

研究表明，在做决策时，太多的信息容易让人迷茫，反而拿不定主意；而过少的信息又起不到让当事人了解客观事实的作用。所以，在形成预期职业库的时候，库的大小要根据自己的情况有适当的平衡，通常5～10个职业的调查是比较适中的。在信息探索过程中，只有抛开自己固有的想法，保持开放的心态，才更容易获得客观的信息。

## 二、探索职业世界的其他方法

职业信息探索的方法有很多，依据一定的规律可以提高效率，如从近至远的探索。所谓近和远，是指信息与探索者的距离。通常，近的信息比较丰富，远的信息更为深入；近的信息较易获得，远的信息则需要更多的投入和与环境的互动才能了解。所以，从近至远的探索是一个范围逐渐缩小、了解逐渐加深的过程。

### （一）职业测评

学校就业指导中心会提供给学生免费的相关测评，社会上的职业测评机构也有相应收费的服务，学生在选择测评时应注意该测评的信效度是否合格。

### （二）网络信息

网络如今已经成为获得大量信息的主要途径。和职业相关的网站很多，比如国家大学生就业服务平台、中国劳动力市场网、前程无忧、智联招聘、中华英才、搜狐招聘频道、新浪求职频道、中青在线人才频道、各高校职业指导网站等，也有一些网站专门提供某个专业的职业信息等更有针对性的资讯。

### （三）生涯影子

生涯影子是指跟着某个特定的工作角色观察其工作内容。建立合作、暑期打工和专业实习都是实践性很强的方式，获得的信息更为真实，但是所耗费的时间、精力比较多，机会也有限。

### （四）生涯人物访谈

生涯人物访谈处于近与远的中间，在效率和信息的真实性上有比较好的平衡。接受访谈者应是我们称之为"生涯人物"的人，在这个职位上已经工作了三至五年甚至更长时间。为尽量减少访谈中的主观影响，应访谈两人以上，如既与成绩卓然者谈，也与默默无闻者谈，这样效果会更好。

可能很多学生会有这样的困惑：如何找到生涯人物？即使身边有这样的人，他们愿意接受自己的访谈吗？不过，要是知道生涯人物访谈的另一个好处是拓展自己的人际关系网，那么，想想看，自己有那么多已经毕业的师哥师姐，以及专业老师，他们不都是很好的访谈资源吗？所以大胆地开口就好，毕竟这关系到你未来的发展。

我们身处一个资讯发达的时代，搜寻工作信息的方法有很多，如行业展览会、信息面试、角色扮演等。对于职业世界的探索，只讲方法是不够的，关键还要做到有心，随时留意周围的信息。一次谈话、一个身边的广告，都有可能帮助你逐渐建立起对职业世界的了解。

> **实操练习 3-1**
>
> 访谈问题整理
>
> 在这个工作岗位上，每天都做些什么？
> 你是如何找到这份工作的？
> 你是如何看待该领域工作将来的变化趋势的？
> 你的工作是如何为实现组织的总体目标或使命贡献力量的？
> 你所在领域有"职业生涯道路"吗？
> 本职业需要什么样的人？
> 到本领域工作所需的基本前提是什么？
> 就你的工作而言，你最喜欢什么，最不喜欢什么？
> 什么样的初级工作最有益于学到尽可能多的知识？
> 本领域初级职位和略高级别职位的薪水是多少？
> 工作中采取行动和解决问题的自由度如何？
> 本领域有发展机会吗？
> 本工作的哪部分让你最满意？哪部分最有挑战性？
> 什么样的个人品质或能力对本工作的成功来讲是重要的？
> 你认为将来本工作领域潜在的不利因素是什么？
> 你在本领域工作遇到了什么样的问题？
> 本工作需要特别的知识、技能和经验吗？
> 这种工作需要什么样的教育或培训背景？
> 公司对刚进入该工作领域的员工提供哪些培训？
> 还有哪些方法能帮助我深入了解该工作领域？
> 你的熟人中有谁能做我下次的采访对象？当我打电话给他（她）的时候，可以告知对方你的名字吗？
> 根据你对我的教育背景、技能和工作经验的了解，你认为我在做出最终决定之前还应在哪些领域、什么样的工作上进行深入的调查研究呢？
> ……
>
> 当然，以上这些问题学生可以根据自己的需要再整理，但对生涯人物关于工作的主观感受还是应该问一下的。比如，可以问"就你的工作而言，你最喜欢什么，最不喜欢什么？"它常常能让学生更直观地了解一种工作。另外，给生涯人物留出提供其他信息的机会，说不定会让你有意外的收获。最后，不要忘记感谢接受访谈的生涯人物，最好在访谈结束当天发一份电子邮件或手机信息表示谢意。

## 任务评价

完成任务 3-4 的学习之后，请大家从课堂参与、实践内化、价值认同三个维度进行任务评价。注意，表 3-6 采用赋分制，每一项的分值为 0～25 分，请你根据实际情况为自己赋分。同时，对本学习任务的知识内容等进行复盘，将自己的反思与总结写在表 3-6 内。

表 3-6 访谈生涯人物的任务评价

| 任务评价点 | | 赋分 | 反思与总结 |
| --- | --- | --- | --- |
| 课堂参与 | 能积极、认真地完成任务 | | |
| 实践内化 | 形成预期职业库，开展生涯人物访谈 | | |
| 价值认同 | 认识职业探索的价值 | | |
| | 对职业生涯规划的意识有一定提升 | | |
| 总分 | | | |

## 课后练习

1. 除了家族职业树中所列职业，你还熟悉哪些职业？未来你会考虑从事这些职业吗？

2. 利用学职平台了解更多职业。

3. 你的专业对应哪些职业？你对这些职业有什么看法？有没有感兴趣的跨专业职业？

4. 请上网检索阅读《国家"十四五"期间人才发展规划》，了解最新的人才发展方向。

5. 分小组进行一次生涯人物访谈，要求 3 人一组，每个小组成员都要分工参与，形成访谈报告。

## 应用案例

### 叶同学的职业生涯人物访谈

访谈时间：2024 年 3 月 10 日

访谈人：叶同学（会展策划与管理专业）

被访谈人：王某某（某市博览会组委会办公室会展管理处）

被访谈人简介：毕业于国内 211 大学（本科）、美国知名理工学院（研究生），现就职于某市博览会组委会办公室会展管理处。

访谈目的：通过对与自身职业规划相似的优秀职场人士的访谈，了解被访谈者的职场历程，以及自身规划职业的需求现状、发展前景、目前就职的要求，从而更好地认识所规划的职业，让自己在今后学习中，能抓住重点，弥补不足，培养优势，以便更好地完成大学到职场的这一过程，实现自身的职业理想。

访谈内容：

问：您能谈谈您的教育背景和简单的工作经历吗？

答：我1996年本科毕业，在美国某学院公共管理专业留学一年。2001年3月，博览会组委会办公室面向全国招考，刚好在那段时间我处于失业状态，就前来应聘。当时我有两个诉求，一个是想改变自己的生活状况，另一个是想改变自己的工作状态。原本的那份工作使我觉得自己太稳定了，导致我渐渐失去了对工作的热情与动力，所以刚好有这个机会就想着改变自己，试一试自己不是很熟悉的工作，挑战自己！

问：对于我们在校生有哪些重要的建议？

答：第一，希望你们可以在学校学习过程中多多锻炼，抓住时间准备，为将来做一个很好的铺垫。第二，是不怕吃苦。吃苦的精神不管在任何环境下、任何工作中都是需要的。第三，是良好的专业基础。只有具备良好的专业基础，才能把工作做得更好。这个需要在学校里面打好基础。

问：您是如何看待工作领域今后的变化趋势的？

答：如果说杭州会展业的发展，我个人是看好的。不管是从已举办的G20，还是从今后世界第三届博览会、游泳锦标赛、亚运会等这种重大的会议与赛事来看，杭州的硬件设施会越来越好，随之软件设施及服务业的发展也会越来越好。

问：什么样的个人品质或能力对本工作的成功来说是最重要的？

答：我更喜欢的是站在我面前的年轻人有自信，很坦诚，并且有热情、坚持。当你和我进行交流时，假如你在不了解的问题上不懂装懂，并且把自己包装成一个很独立的人，相比之下我认为踏实、实在是最好的！至于专业能力的问题，这方面我觉得是需要做很好的储备，毕竟任何一个单位的人力资源经理都希望毕业生有扎实的专业基础。

问：到本领域工作所需要的前提是什么？

答：首先，你必须是一个肯吃苦耐劳的人，特别是不怕苦，不能埋怨工作；其次，需要你不断地学习，不断地提升自己，只有加强自身建设，才能更好地投入到工作当中；最后，就是绝对不能放弃任何一个有关于学习和实践的机会，树立一个良好的学习态度对于一个会展人来说是十分重要的。要成为一个会展人最重要的是热爱这份工作，只有热爱它，才能更好地工作。

问：本工作最需要哪些知识、技能和经验？

答：从会展这个专业来说，策划、文案的撰写是非常重要的。良好的专业知识是工作的前提。你需要不断地进行学习，还需要有良好的沟通能力。良好的沟通能力可以使我们更好地开展工作。

问：你个人有过职业生涯规划吗？

答：关于我本人的职业生涯规划，我小时候比较倾向酒店业的管理、旅行社的导游这一类型的接待工作。但是后来本科学的是行政管理，毕业之后就到机关单位里做这一方面的工作，再后来到杭州工作。虽然有过职业生涯的规划，但是并没有按照规划去做,所以说有时候是要靠机遇去推动发展的。

问:你从事的工作需要怎样的技能培训?

答:会展是一个实践性很强的工作,会不断有新的东西出来,比如说理论、实践的方式、新材料的运用等,但是这些东西在学校学到的不多,需要我们在实践的时候多多学习。

问:在这个工作岗位上,你每天都需要做些什么?

答:我每天工作都具有一定的计划性,先做好前一天安排的工作,并且当天的工作对后续的工作与计划是具有推进作用的。比如说,我在周一的时候会为本周的工作做一个安排。至于每一天的具体工作内容,有时候是接待某一个公司、办一件具体的事情、做一次工作调研、参加一次会议等。

问:您单位对新员工的要求是什么?

答:第一是脚踏实地,无论你处在哪一个行业,年轻人在刚进入行业的时候最重要的是一步一个脚印,无论你的梦想有多么辉煌,多么伟大,都得脚踏实地;第二是学习能力,因为你步入社会之后所处的环境和你在学校里是不一样的,也许别人只帮你纠正了一个错别字,但是也有一字之师的说法;第三是人际沟通,你必须学会团队合作,学会与别人融洽地沟通。

访谈总结:本次访谈是对自己职业生涯规划的一个探索和验证过程,不仅增强了自信,让自己对职业的现状、前景、入职要求等都有了一定的了解,并且更加坚定了自己确定的职业路线。这个访谈过程也让自己得到了一次实践锻炼,获益颇多。

# 项目 4　确定职业生涯决策与行动计划

取乎其上，得乎其中；取乎其中，得乎其下；取乎其下，则无所得矣。
——《论语》

**项目要求：**
了解职业生涯决策的基本类型；
掌握并运用职业生涯决策的方法；
掌握目标设立的原则，确定自己的职业生涯目标，制订大学阶段的行动计划。

## 任务 4-1　评估决策风格

### 任务目标

了解常见的决策类型。

### 任务要求

在生活中，每个人都经常需要做出这样或那样的判断、决定，也就是决策。每一件事物的出现，每一个问题的发现和解决，都是我们生活中必不可少的部分。

下面请评估你的决策风格。

### 任务实施

**步骤 1**　请先回忆自己先前所做的一些决策。

**步骤 2**　根据你的决策，对照表 4-1 决策风格评估单，回答评估单里的问题。如果选择"是"，则在问题后面的空格处打"√"，如果选择"否"，则打"×"。

**步骤 3**　完成全部问题后，请在评估单下方汇总所有打"√"的题项，并在相应的题号上打"√"。

**步骤 4**　完成之后，根据"√"的数量来评估你的决策风格。

## 表 4-1 决策风格评估单

| 问题 | 是/否 |
| --- | --- |
| 1. 我时常草率地作出判断 | |
| 2. 我做事时不太喜欢自己出主意 | |
| 3. 遇到难做决定的事情,我通常会把它先放一放 | |
| 4. 做决定时,我会多方收集所必需的一些个人及环境的资料 | |
| 5. 我常凭第一感觉就做出决定 | |
| 6. 做事时,我喜欢有人在旁边,好随时商量 | |
| 7. 遇到需要做决定的时候,我就紧张不安 | |
| 8. 我会将收集到的资料加以比较分析,列出可选择的方案 | |
| 9. 我经常会改变自己所做的决定 | |
| 10. 发现别人的看法与我不同,我常常不知道该怎么办 | |
| 11. 我做事老爱东想西想,下不了决心 | |
| 12. 做决定时,我会认真权衡各项方案的利弊得失,判断出最好的选择 | |
| 13. 做决定之前,我一般不做什么准备,临时看着办 | |
| 14. 我很容易受别人意见的影响 | |
| 15. 我觉得做决定是一件痛苦的事 | |
| 16. 做决定时,我会参考他人的意见,再斟酌自己的情况,做出最终决定 | |
| 17. 我常不经慎重思考就做决定 | |
| 18. 我常常在父母、家人、老师、朋友等催促下才作决定 | |
| 19. 为了避免做决定的痛苦,我现在不想做决定 | |
| 20. 做决定时,我会经过深思熟虑,确定一项最佳的方案 | |
| 21. 我喜欢凭直觉做事 | |
| 22. 我喜欢让父母、家人、师长、朋友为我做决定 | |
| 23. 我处理事情时常会犹豫不决 | |
| 24. 当决定后,我会开展必要的行动,全力以赴执行 | |

上述题目对应着以下四种决策风格,你属于哪一种呢?

冲动直觉型　1　5　9　13　17　21
依赖他人型　2　6　10　14　18　22
拖延犹豫型　3　7　11　15　19　23
客观理性型　4　8　12　16　20　24

## 知识平台

### 一、生涯决策的含义

决策,究其概念来说不下百种。决策的复杂性决定了对于决策不可能有统一的看法,但归纳起来,基本上包括三个层面上的理解。

一是把决策看作是一个提出问题、确定目标、设计和选择方案的过程。这是对决策概念的广义理解。

二是把决策看作从几种备选的行动方案中做出最终选择,是决策者的拍板定案。这是对决策概念的狭义理解。

三是认为决策是对不确定条件下发生的偶发事件所做的处理决定。这类事件既无先例,又没有可遵循的规律,做出选择要冒一定的风险。也就是说,只有冒一定风险的选择才是决策。这是对决策概念最狭义的理解。

以上对决策概念的解释是从不同角度做出的。在这里,我们对于决策的概念,可以这样理解:所谓决策,就是为了实现某一特定目标,借助于一定的科学手段和方法,从两个及两个以上的可行方案中选择一个最优方案,并组织实施的全部过程。

我们可以以自身成长的经历来理解决策:

- 学前:选择游戏(玩法)与玩伴等。
- 小学及初中:选择学校、课外活动,选择学习还是玩耍等。
- 高中:选择普高还是职校,高考的选考科目等。
- 高考:选择何地、何学校、何专业等。
- 大学:选择学习方式、选择选修课程、选择课外活动等。
- 毕业:选择专升本还是就业创业,就业的地点、单位属性、职位等。
- 职业:选择休闲还是学习,选择安于现状还是晋升、调动等。

### 二、决策的基本类型

丁克里奇(Dinklage,1966)提出人们通常采用下面这几种决策类型:

#### (一)痛苦挣扎型(agonizing)

有些人会花很多的时间和精力来收集信息,确认有哪些选择,向专家询问,反复比较,却迟迟难以做出决定。他们常爱说的一句话是"我就是拿不定主意。"出现这种情况的时候,收集再多的信息进行分析比较也无济于事,需要弄清的是他们被一些什么样的情绪和非理性信念困住了,比如害怕自己做出错误的决定、追求完美等。

#### (二)冲动型(impulsive)

与"痛苦挣扎型"相反,有的人遇到第一个选项就紧紧抓住不放,不再考虑其他的选项或进一步收集信息。他们的想法是:"先决定,以后再考虑。"比如,先找到一份工作做着再说。冲动的决策方式可能是出于对困难的回避，不愿意花时间精力去探索。这种方式风险太大，等看到有更好的选择时自然追悔莫及。

### （三）直觉型（intuitive）

有些人将自己的直觉感受作为决定的基础。他们通常说不出什么理由，一味表示："就是觉得这个好。"人们在择友的时候常常采用这样的决策方式。直觉在人们对环境情况无法获得充分信息的时候会比较有效，但它有可能不符合事实。有时候，我们的判断可能会因自身先入为主的偏见而产生较大的误差。

### （四）拖延型（delaying）

这些人习惯将对问题的思考和行动都往后推迟，"过两天再考虑"是他们的口头禅。大学生常见的"还有两天才交作业，我明后天再做也来得及"就是这种方式的体现。拖延型的人心中暗暗抱有这样的希望：也许事情过几天就自动解决了。然而，问题并不会自动解决，有时候甚至会越拖越严重。

### （五）宿命型（fatalistic）

有些人不能自己承担责任而寄希望于外部形势的变化。他们会说"该怎么样就怎么样吧"或"我这个人永远也不会走运"之类的话。当一个人将自己生活的主导权交给外界环境的时候，可以预见，这个人是很容易觉得无力和无助的。这样的人容易成为环境的"受害者"，怨天尤人，却没想到自己的处境正是由放弃了个人对生涯规划的"主权"而造成的。

### （六）顺从型（compliant）

这样的人倾向于顺从别人的计划而不是独立地做出决定。他们常说："只要他们都觉得好，我就觉得好。"比如，很多大学生一窝蜂似的出国留学、专升本、参加各种培训班，只因为"大家都这样做"。从众的人固然在追随群体的过程中获得了一种虚假的安全感，但忽略了自身的独特性，这造成他们的选择在很大程度上并不适合自己。

### （七）瘫痪型（paralytic）

有时候，个体可能在理性上接受了应当自己做决定的观念，却无法开始决策过程。他们知道自己应该开始了，可在内心深处总笼罩着"一想到这事就害怕"的阴影。事实上，他们害怕承担决策和决策的后果所带来的责任。

### （八）计划型（planning）

这样的人倾向于独立做决定，是自己的主人，会积极主动地面对问题，解决问题。

根据对"自我"和"外部环境"认知的多少，可以将上述几种决策类型做如下分类，见表4-2。

表 4-2 决策类型的分类

| 决策类型分类 | | 自我 | |
|---|---|---|---|
| | | 未知 | 已知 |
| 外部环境 | 未知 | 拖延犹豫型决策<br>（痛苦挣扎型、拖延型、瘫痪型） | 冲动直觉型决策<br>（冲动型、直觉型） |
| | 已知 | 依赖他人型决策<br>（顺从型、宿命型） | 客观理性型决策<br>（计划型） |

以上这几种类型的决策模式，根据情境和其后果重要性的不同会产生不同程度的作用。比如，我们常常用"冲动"的方式决定晚餐点什么菜或买下一件新衣服，其后果不会对我们的生活造成太大的影响，甚至还能给自己或他人带来惊喜。我们也常常用"直觉"的方式交到很好的朋友。

从表 4-2 中我们可以看出这些决策风格都存在着对自己或环境的"未知"因素。在有很多"未知"因素的情况下做决策，显然容易因风险过大而导致结果不那么令人满意。而职业生涯规划过程中的决策是非常重要的，也是极为重要的人生课题，我们应审慎对待。在做职业决策时，我们要复盘前面课程中学习的内容，进一步探索自我（性格、兴趣、能力、价值观）、探索外部环境，化"未知"为"已知"。

## 实操练习 4-1

请回想迄今为止你在生活中所做的 5 个重大决策，并按照表 4-3 的提示予以描述，然后评估你的决策类型，将序号标在表 4-4 上。

表 4-3 评估你的决策类型

| 决策 | 当时情境或目标 | 你所有的选择 | 你怎么做出选择 |
|---|---|---|---|
| 例 | 在高中选择选考科目的时候 | 物化生、政史地、生史技、地化生、政史技、地化史、化政地、化生史等 | 直接听从了父母的建议，选择了化史生 |
| ① | | | |
| ② | | | |
| ③ | | | |
| ④ | | | |
| ⑤ | | | |

表 4-4 决策类型分类

| 决策类型分类 | | 自我 | |
| --- | --- | --- | --- |
| | | 未知 | 已知 |
| 外部环境 | 未知 | 拖延犹豫型决策 | 冲动直觉型决策 |
| | 已知 | 依赖他人型决策 | 客观理性型决策 |

### 任务评价

完成任务 4-1 的学习之后，请大家从课堂参与、实践内化、价值认同三个维度进行任务评价。注意，表 4-5 采用赋分制，每一项的分值为 0～25 分，请你根据实际的情况为自己赋分。同时，对本学习任务的知识内容等进行复盘，将自己的反思与总结写在表 4-5 内。

表 4-5 评估决策风格的任务评价

| 任务评价点 | | 赋分 | 反思与总结 |
| --- | --- | --- | --- |
| 课堂参与 | 能积极、认真地完成任务 | | |
| 实践内化 | 掌握了决策的类型，能将自己日常的决策类型进行分类 | | |
| 价值认同 | 能正确认识客观理性型决策类型的意义与价值 | | |
| | 通过任务实施，对职业生涯规划的意识有一定提升 | | |
| 总分 | | | |

## 任务 4-2　制定职业决策

### 任务目标

掌握决策的基本方法。

### 任务要求

在职业决策中，我们常常会面临几种选择不知如何是好的状况，比如：是直接就业，还是选择专升本，抑或尝试创业？就业的话，是留在大城市发展，还是回老家发展，抑或选择 A 单位还是 B 单位实习？

面对上述情况时，我们可以尝试运用决策平衡轮来帮助我们做职业决策。

## 任务实施

**步骤 1** 事先将圆分成 8 个等份，并在圆心处标记 1，在圆周处标记 10（表示圆心是 1 分，圆周是 10 分，由内而外依次是 1～10 分）。

**步骤 2** 请你列出 8 个在这种情景下最重要的价值标准（可以参考任务 2-1 中自己列出的价值观，也可以重新写），依次标记在选择一和选择二两个圆的外围，如图 4-1 所示。

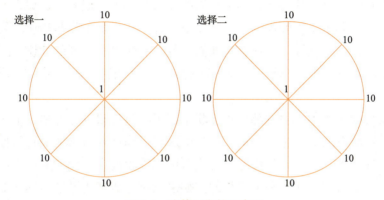

图 4-1　决策平衡轮示意图

**步骤 3** 给选择一打分：先标记选择一的 8 个方面的价值标准所占分数，然后用一条弧线在 8 个扇形区域中标示出来，并给得分部分涂上阴影。

**步骤 4** 按照步骤 3 的方法，给选择二打分。

**步骤 5** 将两张图进行对比观察，感受每个选择在 8 个不同方面的得分和布局，体会自己现在对于每一种选择的整体感受和心理倾向。

## 知识平台

生涯决策是一个高度复杂的过程，常常会令人左右为难，很难用简单的方法来概括。人不可能完全理性，但学会把一些理论的方法引入职业生涯决策，从而培养决策的能力，会使你受益终身。

## 一、CASVE 循环

在进行重大决策时，为了降低风险，尽可能充分地考虑到决策所涉及的多方面因素。我们推荐使用计划型（planning）决策。它由沟通（Communication）、分析（Analysis）、综合（Synthesis）、评估（Evaluation）、执行（Execution）五个步骤组成，其英文缩写为"CASVE 循环"（Peterson，Sampson & Reardon，1991），如图 4-2 所示。

图 4-2　CASVE 循环示意图

1. 沟通

沟通是指个人发现理想与现状有差距，意识到问题的存在。这一步是决策的开始。个人如果没有意识到自己的需要，那么后面的步骤都将无从谈起。比如，许多大学一年级的学生，常常觉得职业生涯规划离自己还很遥远，认为找工作是毕业时候的事，自己才大一，只要好好学习就够了。只有当他们具备了职业生涯规划的意识，了解到找工作不是一蹴而就的事时，才会开始产生这方面的需求，从而进入职业决策的下一阶段。

2. 分析

分析是指将问题的各个组成部分相互联系起来，对现状进行评估，了解自己和自己可能的选择，对所有的信息进行分析。这当中还包括确认要做出的决定的性质、具体的目标、决策的标准等。不少人将目标与达成目标的手段混淆，比如为了学历而读书，但实际上学历只是手段，就业才是最终目的。如果没有弄清楚自己的目标，如专升本是为了什么，就开始盲目行动，必然不会有好的结果。可以说，分析是决策过程中最容易出现问题的阶段。许多人倾向于用简单化的方式得出结论，直接跳到行动步骤，而未能真正弄清楚问题的关键，也未能收集充足的信息。

3. 综合

综合是指在分析的基础上，个人形成可能的解决方法并进一步收集相关信息，确认自己的选择。这里需要注意的是，不要在没做探索之前就匆忙决定，这样会将自己的选择面限制得很窄。在职业生涯规划中，我们提倡先扩展个人的职业清单（通常要列出至少 10 个以上可从事的职业），打开视野，充分地看到自己所拥有的可能性，再在此基础上适当压缩至 3～5 个最后选项。

4. 评估

评估是指从可行性和满意度两方面评估信息，并按评估结果对所有选项进行排列，得出最终的选择。比如，可以将所有的重要价值观列成表作为评判的标准，并按每一项对所有的选项进行加权计分，最后按总分排序。具体的方法请参看下文的"决策平衡单"。

5. 执行

执行是指根据自己最终的选项制订计划，采取行动。需要注意的是，决策是一个循环的过程，也就是说，在行动之后，还需要对自己的决定及其结果进行评估，由此，可能进入新一轮的决策过程。

> **实操练习 4-2**
>
> **分析你的决策 CASVE 循环**
>
> 请使用 CASVE 循环来分析你曾经做过的一个重大决策或者你现阶段面临的职业决策问题。可以参考以下问题进行：
>
> - 你是怎样意识到自己的需求的？
>
> _____
>
> - 你是如何分析这个问题、收集相关信息（包括关于你自己和关于问题解决的信息）的？
>
> _____
>
> - 你是如何形成解决方案的？以你今天的眼光你能否看到自己当时所没有看到的其他可能性？
>
> _____
>
> - 你是如何在不同的解决方案之间做选择的？你的选择标准是什么？
>
> _____
>
> - 你是如何落实行动的？过程是否如你所预期的那样？
>
> _____
>
> - 你怎样评价自己当时的决策过程？你对结果感到满意吗？如果不满意，是哪个步骤出现了问题？
>
> _____
>
> - 如此分析之后，你对于自己的决策模式有了什么新的了解？这对你处理现阶段所面临的职业决策问题有什么指导意义？
>
> _____

## 二、决策平衡轮

决策平衡轮以一种图形的方式，帮助我们比较直观、全面地了解和掌握情况，从而做出决策。在使用决策平衡轮时，列举各个方面的考虑因素、给各个选择打分的过程本身很重要，它能帮助我们理清思路，做出适合自己的选择。

会展策划与管理专业张同学的决策平衡轮如图 4-3 所示。

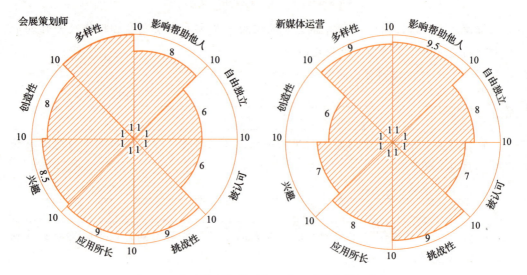

图 4-3　会展策划与管理专业张同学的决策平衡轮

**实操练习 4-3**

**绘制你的决策平衡轮**

请按照前述任务所述步骤，在图 4-4 中绘制你的决策平衡轮。

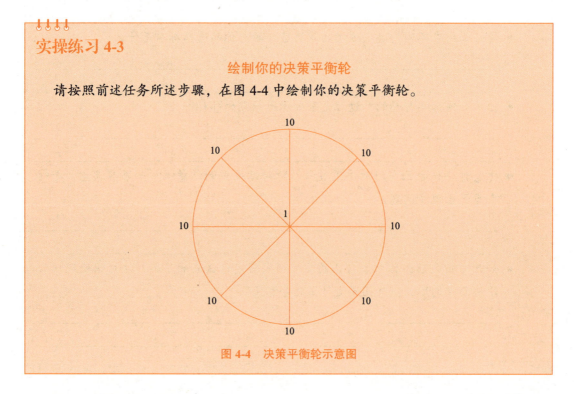

图 4-4　决策平衡轮示意图

## 三、决策平衡单

决策平衡轮受制于圆的大小，一般只将其分成 8 个等份，各方面考虑的因素还不够全面。但在实际决策过程中，我们在对可能的选择进行评估排序时，还需要更加详尽地考虑到该决定所涉及的各方面因素，而决策平衡单（Janis & Mann, 1977）就是一个有效的方法。它将重大决策的思考方向集中到四个主题上——个人物质方面的得失、他人物质方面的得失、个人精神方面的得失、他人精神方面的得失。

在使用时，可以按上述四个类别列出个人所有的重要价值观并按其重要程度赋予权重，并将它们作为评判的标准，逐项对所有的选择进行加权计分，最后按总分排序。会展策划与管理专业张同学的决策平衡单如表4-6所示。

表4-6　会展策划与管理专业张同学的决策平衡单

| 选择项<br>考虑因素 | 权重<br>1～5 | 选择一<br>（专升本） | | 选择二<br>（会展策划师） | | 选择三<br>（新媒体运营） | |
| --- | --- | --- | --- | --- | --- | --- | --- |
| | | 加权分数<br>(+) | 加权分数<br>(-) | 加权分数<br>(+) | 加权分数<br>(-) | 加权分数<br>(+) | 加权分数<br>(-) |
| **个人物质方面的得失** | | | | | | | |
| 1. 个人收入 | 3 | 0（0） | | 3（+9） | | 3（+9） | |
| 2. 未来发展 | 4 | 5（+20） | | 3（+12） | | 2（+8） | |
| 3. 休闲时间 | 2 | | -2（-4） | 1（+2） | | 2（+4） | |
| 4. 对健康的影响 | 1 | 2（+2） | | 2（+2） | | 1（+1） | |
| **他人物质方面的得失** | | | | | | | |
| 1. 家庭收入 | 3 | | -1（-3） | 2（+6） | | 2（+6） | |
| 2. 家庭地位 | 2 | 5（+10） | | 2（+4） | | 1（+2） | |
| **个人精神方面的得失** | | | | | | | |
| 1. 创造价值 | 4 | 2（+8） | | 4（+16） | | 3（+12） | |
| 2. 自由独立 | 3 | | -1（-3） | 1（+3） | | 2（+6） | |
| 3. 被认可 | 3 | 5（+15） | | 3（+9） | | 3（+9） | |
| 4. 应用所长 | 4 | 1（+4） | | 4（+16） | | 2（+8） | |
| 5. 满足兴趣 | 5 | 2（+10） | | 3（+15） | | 2（+10） | |
| **他人精神方面的得失** | | | | | | | |
| 1. 父亲 | 3 | 4（+12） | | 3（+9） | | 2（+6） | |
| 2. 母亲 | 3 | 5（+15） | | 3（+9） | | 3（+9） | |
| 3. 朋友 | 2 | 4（+8） | | 3（+6） | | 3（+6） | -1（-3） |
| 总分 | | 94 | | 118 | | 84 | |

在使用决策平衡单的时候，要注意其目的不仅在于得出最后的排序结果，填写的过程也很重要。因为列举各项考虑因素、给各项价值观分配权重以及给各项选择打分的过程本身，就是在帮助个人理清思路。这样一个仔细思索和反复推敲的过程，可能比单纯

得出一个结果更为重要,更能帮助个人做出适合自己的决策。

## 实操练习 4-4

### 撰写你的决策平衡单

将你的各种职业生涯决策的选择水平排列在表 4-7 决策平衡单的顶部。

在平衡单的左侧,垂直列出你在"个人物质方面的得失""他人物质方面的得失""个人精神方面的得失""他人精神方面的得失"四个方面的考虑因素。

给各种考虑因素一般按 1~5 的等级分配权重。按照你对考虑因素的看重程度,按 1~5 进行权重赋权。对某一项考虑因素越是看重,那么,你对它所附的权重就越高,5 为最高权重,表示"非常看重"。对自我需求和价值观的准确了解是给考虑因素指定权重的前提。

对照每一项考虑因素,依次进行打分,打分分值一般在 -5~+5 范围内。横向比较所列的职业生涯选择,根据所考虑因素的得失程度不同,对不同职业生涯选择进行打分。若从考虑因素中,越能得到什么,则正向打分分值越高;反之,则反向扣分分值越高。将各项职业生涯选择的得分与各项考虑因素的权重对应相乘进行计分,将结果记录在表 4-7 相应的空格内。

将每一选择下所有的正负积分相加,得出它的总分。对所有总分进行比较和排序。

表 4-7 你的决策平衡单

| 考虑因素 \ 选择项 | 权重 1~5 | 选择一 (专升本) | | 选择二 (会展策划师) | | 选择三 (新媒体运营) | |
|---|---|---|---|---|---|---|---|
| | | 加权分数 (+) | 加权分数 (-) | 加权分数 (+) | 加权分数 (-) | 加权分数 (+) | 加权分数 (-) |
| 个人物质方面的得失 | | | | | | | |
| 1. | | | | | | | |
| 2. | | | | | | | |
| 3. | | | | | | | |
| …… | | | | | | | |
| 他人物质方面的得失 | | | | | | | |
| 1. | | | | | | | |
| 2. | | | | | | | |
| 3. | | | | | | | |
| …… | | | | | | | |

(续)

| 选择项\考虑因素 | 权重 1~5 | 选择一（专升本） | | 选择二（会展策划师） | | 选择三（新媒体运营） | |
|---|---|---|---|---|---|---|---|
| | | 加权分数(+) | 加权分数(-) | 加权分数(+) | 加权分数(-) | 加权分数(+) | 加权分数(-) |
| 个人精神方面的得失 | | | | | | | |
| 1. | | | | | | | |
| 2. | | | | | | | |
| 3. | | | | | | | |
| …… | | | | | | | |
| 他人精神方面的得失 | | | | | | | |
| 1. | | | | | | | |
| 2. | | | | | | | |
| 3. | | | | | | | |
| …… | | | | | | | |
| 总分 | | | | | | | |

## 四、SWOT分析法

SWOT分析法最早是由哈佛商学院的K.J.安德鲁斯教授于1971年在其《公司战略概念》一书中提出的。SWOT分析法广泛使用在企业战略制定过程中，同样也可以用于个人职业生涯决策。通过使用这个工具，很容易知道自己的个人优点、缺点在哪里，并且会仔细地评估出自己所感兴趣的不同职业道路的机会和威胁所在。

SWOT中，S代表优势（Strength）、W代表劣势（Weakness）、O代表机会（Opportunity）、T代表威胁（Threat），是个体"能够做的"（即个体的优势和劣势）和"可能做的"（即环境的机会和威胁）之间的有机组合。其中，S、W是内部因素，O、T是外部因素。

（1）S（优势）分析——你认为自己出色的地方

1）你曾经做过什么？比如，在学校期间，你担任过的职务、曾经参加或组织的活动、获得的奖励等。

2）你学习了什么？在学校期间，你在专业学习中获得了哪些宝贵的东西？接受过什么培训？自学过什么？有什么独到的想法和专长？

3）你最成功的是什么？你可能做过许多事情，最成功的是什么？成功是偶然还是必然？

4）你最突出的地方是哪里？和他人（尤其是竞争对手）相比，你自认为最突出的是什么？是博识还是能力？是人格还是仪表，等等。

（2）W（劣势）分析——与他人（竞争对手）相比，你处于落后的方面

1）性格弱点，如不善言谈、不善交际、不善沟通、遇事急躁等。卡耐基说过，人性的弱点并不可怕，关键要有正确的认识，认真对待，尽量寻找弥补、克服的办法，使自我趋于完善。

2）能力方面的不足。对于自己从事未来目标职业所需要的专业知识、实际操作技能等存在哪些不足？

3）经验或者经历中欠缺的方面。"经历本身才是最大的财富"，也许你有过多次失败，可是仍没有找到成功的秘诀；也许你对工作或者事业有过自己认为近乎完整的计划，然而就是没有实践过。其实，失败、欠缺都不可怕，怕的是自己没有经历过，并不完全明了事情，却依然在装明白。所以，经历很重要。

（3）O（机会）分析——有利于职业选择和职业发展的一些机会

1）对社会大环境的认识和分析。当今社会政治、经济、科技、文化等环境对自己的职业发展有哪些影响？具体体现在哪些方面？对自己选择的职业、单位外部环境及内部环境的分析与了解，对岗位要求条件的了解。

2）人际关系分析。哪些人可能成为自己职业发展和人生中的引路人？谁能对自己有所帮助？作用如何？会持续多久？如何与他们保持联系？

（4）T（威胁）分析——存在潜在危险的方面

在自己的职业发展和规划中，来自行业的、社会的、竞争对手的、岗位条件要求的、市场发展趋势的以及自身条件的限制等。对自己构成的威胁和不利影响会体现在哪些方面？影响和威胁的程度如何？

通过分析之后，根据 SWOT 矩阵信息制定策略。SWOT 分析共有四种策略——SO、ST、WO、WT，见表 4-8。

表 4-8　SWOT 分析的四种策略

| 外部 \ 内部 | S（优势） | W（劣势） |
| --- | --- | --- |
| O（机会） | SO 策略 | WO 策略 |
| T（威胁） | ST 策略 | WT 策略 |
| SWOT 分析总结 | | |

- SO 策略是进攻型对策，即积极利用自身优势，把握外部机会。
- ST 策略是中性对策，即积极发挥自身优势来迎接外部的挑战。
- WO 策略是中型对策，即在考虑自身劣势的情况下最大限度利用外部机会。
- WT 策略是防御型对策，即避免自身劣势和外部威胁。

会展策划与管理专业张同学对自己进行了 SWOT 分析，见表 4-9。

表 4-9 会展策划与管理专业张同学的 SWOT 分析表

| 内部 / 外部 | S（优势）<br>1. 学习能力强，成绩优秀<br>2. 有学生干部工作经验<br>3. 工作细致，善于沟通合作<br>4. 具有较强的实操能力 | W（劣势）<br>1. 学历水平不高<br>2. 没有相关的学生干部工作经验<br>3. 比较情绪化，容易受外界影响<br>4. 考虑问题不全面 |
|---|---|---|
| O（机会）<br>1. 会展业日益受到政府等部门的重视<br>2. 现如今会展业人才需求日益增加 | SO 策略<br>1. 利用良好的专业知识与丰富学生工作经验的优势<br>2. 发挥自身较强的实操能力 | WO 策略<br>1. 加强学习相关领域知识<br>2. 积极参加相关实践<br>3. 提高适应力 |
| T（威胁）<br>1. 很多企业规模较小<br>2. 会展业对从业人员的学历及工作经验要求逐渐提高<br>3. 其他行业（如艺术策划类）人才参与竞争 | ST 策略<br>1. 强调自身专业知识的优势<br>2. 强调学习能力的重要性<br>3. 加强工作态度、沟通对实际工作的积极作用 | WT 策略<br>1. 专升本<br>2. 积极寻找重视员工潜能的企业<br>3. 努力克服情绪化的影响 |
| SWOT 分析总结 | 应该积极去谋取一份大中型企业的会展策划与运营方面的工作 | |

## 实操练习 4-5

### 评估你的 SWOT 分析策略

评估自己的优势和劣势（可参照前面所学的性格、兴趣、能力、价值观等），并填在表 4-10 对应位置。

找出自己的职业机会和威胁（可参照前面所学的外部世界探索），并填在表 4-10 对应位置。

评估四个维度不同的策略选择。

根据上述策略，结合职业目标，对你的 SWOT 分析进行总结并填入表 4-10 内。

表 4-10 SWOT 分析矩阵

| 内部 / 外部 | S（优势）<br>1.<br>2.<br>3.<br>…… | W（劣势）<br>1.<br>2.<br>3.<br>…… |
|---|---|---|
| O（机会）<br>1.<br>2.<br>3.<br>…… | SO 策略<br>1.<br>2.<br>3.<br>…… | WO 策略<br>1.<br>2.<br>3.<br>…… |
| T（威胁）<br>1.<br>2.<br>3.<br>…… | ST 策略<br>1.<br>2.<br>3.<br>…… | WT 策略<br>1.<br>2.<br>3.<br>…… |
| SWOT 分析总结 | | |

### 五、理智与情感

上述决策的方法均为理性的决策方式，它主要采用归纳、演绎和推理的方法进行思考。在实际生活中，我们不难发现，虽然很多人懂得做这种逻辑的、按步骤进行的利弊分析，但在得出排序结果后却仍然难以做出最终的决策。这是因为单纯理性的决策忽略了情感的作用。

人不仅有理性，也有情感。在传统教育中，情感由于缺乏理性的可控性而经常遭到我们的排斥和轻视。殊不知，它也是人类天性的一部分，有其重要功能和作用。情感往往携带着相当大的能量，否认和压抑并不会让它自动消失，反而有可能在暗地里给人造成种种阻碍。

只有当情感和认知一致时，我们才会感到内在的和谐，也会更容易相信自己的选择，从而更有力量去承担决策的责任。

依托于理智和情感的分析，这里推荐两种决策方法供大家选择。

（1）生涯咨询。如果你认真地进行了自我探索和对职业世界的探索，也采用了上述决策方法和工具，却仍然感到难以决策，你可以向学校招就处或辅导员进行职业生涯咨询。只有在解决内心深层次的困扰之后，你才将更有能力来处理职业决策方面的问题。

（2）生涯幻游。生涯幻游是自我认知的一种非正式评估方法，基于幻想技术，又称为引导式幻想，指通过一种积极的心理暗示，来预演未来，预见五年、十年乃至二十年后的自己，从而了解自己理想的生活状态。对工作内容和场景的幻想，可以告诉我们很多信息，能让我们更加明确自己的理想和目标。

---

**实操练习 4-6**

生涯幻游——预见五年后的你

在舒缓的背景音乐下，请大家以舒服的姿势坐好，深呼吸，放松。然后，由老师或一位同伴以缓慢轻柔的语言念出下面的指导语：

想象现在是五年后的某一天，一个平常的工作日。早晨，你从一夜的安睡中醒来，想到即将开始的一天，心中充满了兴奋和期待。你起身，从衣橱中挑出你今天上班要穿的衣服。

现在你正站在镜子前装扮自己，你穿着什么样的衣服呢？（停顿）

现在你开始吃早饭。有人跟你一起吃早饭吗？还是你一个人吃？（停顿）

接下来，你准备去上班。你是在家里办公吗？如果不是，你工作的地方在哪里？离你家有多远？你乘什么样的交通工具去哪里？（停顿）

现在你正走向你工作的地方。它位于什么地方？看起来怎么样？（停顿）

你做些什么工作？你主要是操作器械、工具，还是跟人打交道？你的办公场所

项目 4　确定职业生涯决策与行动计划

是什么样的？是在室内还是室外？（停顿）

你跟别人一起工作吗？你跟他们会有一些什么样的交往？

到吃午饭的时候了，你准备去哪儿吃饭？跟谁一起去？你们会谈论些什么内容？（停顿）

现在回到工作中来，完成这一天的任务。

下午的工作与上午的工作有什么不同吗？（停顿）

你什么时候结束工作？离开前完成的最后一项任务是什么？（停顿）

一天的工作结束了，你会怎样度过夜晚的时间？（停顿）

夜里，当你躺在床上回想这一天时，有哪些事情让你感到愉快和满足？为什么？（停顿）

当你准备好时，请睁开你的眼睛，并静静地坐一会儿。

请将你在"生涯幻游"中所感受到的细节记录在下面：

_____
_____
_____
_____
_____

## 任务评价

完成任务 4-2 的学习之后，请大家从课堂参与、实践内化、价值认同三个维度进行任务评价。注意，表 4-11 采用赋分制，每一项的分值为 0～25 分，请你根据实际的情况为自己赋分。同时，对本学习任务的知识内容等进行复盘，将自己的反思与总结写在表 4-11 内。

表 4-11　制定职业决策的任务评价

| | 任务评价点 | 赋分 | 反思与总结 |
|---|---|---|---|
| 课堂参与 | 能积极、认真地完成任务 | | |
| 实践内化 | 能够自主思考，熟练运用 CASVE 循环、决策平衡轮、决策平衡单以及 SWOT 分析法解决问题，开展探究 | | |
| | 能结合自身情况完成实操练习，且有一定的质量和创意 | | |
| 价值认同 | 能正确认识决策的意义与价值 | | |
| | 总分 | | |

## 任务 4-3　设定职业生涯目标，制订行动计划

### 任务目标

掌握目标的设立原则；

熟悉职业生涯目标，制订行动计划。

### 任务要求

12 月中旬，我们将迎来第一次英语等级考试，如果让你设定英语等级考试的学习目标，并制订学习计划，你将会如何做？

### 任务实施

**步骤 1**　请在下方区域内写出你的英语等级考试的学习目标和学习计划。

**步骤 2**　与身边的同学一起探讨你的学习目标和学习计划的可行性。

### 知识平台

#### 一、目标的重要性

哈佛大学有一个很著名的关于职业规划对人生影响的调查，其对当年的应届毕业生做了一项跟踪调查，调查结果显示：有 27% 的人没有目标，60% 的人目标模糊，10% 的人有清晰但比较短期的目标，只有 3% 的人有清晰而长远的目标。二十五年后，哈佛大学再次对这群学生进行调查时发现：3% 有长远目标的人，在二十五年间朝着一个方向不懈努力，几乎都成为社会各界的成功人士，其中不乏行业领袖和社会精英；10% 有短期目标的人不断实现了他们的短期目标，成为各个领域中的专业人士；60% 目标模糊的人有安稳的生活与工作，但都没有什么特别成绩；而剩下 27% 的人因为没有目标，过得很不如意，常常怨天尤人。其实，存在如此大差异的原因在于：一些人二十五年前就知道自己要什么，也知道怎么去做；而其他人则不清楚自己要什么，也

不知道怎么去做。

从这个调查中我们不难看出目标的重要性，它对于职业生涯发展具有重要的意义：

1）能够使自己有方向感。设定目标使我们能够着眼未来，更有远见，更愿意为现在的事负责。

2）明确的目标能够使我们保持积极的人生态度，不断激发成就动机。

3）根据目标，我们可以缩小理想与现实的差距。

4）专注于目标，我们能调动和调整自己的资源为实现目标而努力。

## 二、采用 SMART 原则设立目标

### （一）Specific：具体、明确的

不要用含糊笼统的目标，比如，不要说"我的目标是更好地利用时间"，应该使用具体明确的目标，如"我一天只能花不超过一个小时的时间来刷抖音"或"我每周要花两个小时的时间来上网查找有关导游词讲解方面的资料"。

### （二）Measurable：可量化的

可量化的目标是指有一个可以衡量成功或者失败的标准，从而可以准确地评价你是否达到了自己的目标。比如，"加强社会实践"应该明确为"在这个学期内参加一个学生社团，并参加每一次的社团活动"。

### （三）Achievable but Challenging：可以达到但有挑战性

这是指就你的能力和特点而言，实现这个目标是现实的、可能的，但又有一定难度。比如，你目前只是一名学生且也没有相关的工作经验，却计划在两年之内就成为一个大公司的中层经理，这个目标也许就不可行；但如果你计划二十年之内做到中层经理的位置，那又缺乏挑战性，可能不太有激情去实现这个目标。

### （四）Rewarding：目标有意义、有价值并有奖惩的措施

这是指实现这个目标能带给你成就感、愉快感；反之，则会使你有所损失。比如，如果你没有按计划在一周内完成对生涯人物的访谈，那么你就不能在周末外出游玩，而要利用假期的时间完成访谈的任务。

### （五）Time-bounded：有明确的时间限制

不能将目标统统定为"在大学毕业前完成"，而要有计划、分步骤地在限定的时间内完成。以一周、一个月或一学期为单位设立目标，会比将事情都堆到毕业前完成有效得多。

除 SMART 原则外，还有一条原则对于目标设立是非常重要的，那就是可控性（Controllable）。可控性主要是指对影响目标实现的因素具有相当的控制能力。比如，"我的目标是在 ABC 公司获得一份工作"，这种表述方式就违背了可控性原则。因为你能否

获得这份工作并不取决于你自己,你有被拒绝的可能。但如果你将目标换成"在下周三之前,向 ABC 公司申请一个职位"就是可行的,因为你能控制相关的因素。目标的可控性原则表明:你必须为自己的目标负责,而不能指望他人来实现一切。当你确实需要他人的帮助时,你可以向他们表达,争取他们的合作,但同时对他们的期望不能看得太重,必须做好被拒绝的准备。确切地说,你能够控制的只有你自己。因此,你的目标也必须完全地"属于"你。

采用 SMART 原则设立目标的好处是它使你的目标与计划有实现的可能,并且可以帮助你在一段时间之后回顾总结自己所取得的进步与不足,明确自己该干什么以及干得怎么样。

### 实操练习 4-7

请对照 SMART 原则修正你的英语等级考试学习目标。

## 三、确定职业生涯目标

### (一)职业生涯目标的类型

一般来说,大学生应根据所学专业选择目标职业岗位。大学所设的专业一般面向一个岗位群,有主岗位和拓展(发展)岗位;纵向可以涉及一个领域、一个行业,横向可涵盖社会各部门的某个层面。专业为职业服务,职业对专业起导向作用。一般情况下,专业要比职业涉及面宽。大学设置专业的宽"口径",其目的是适应社会发展的需求和职业的发展变化,以便大学毕业生就业时,能从较宽的职业范围去选择相关的职业,以及适应职业转换的需要。

对于高职院校的学生,职业生涯目标主要分为就业、升学(专升本、留学)、创业等。大学新生应该在认识自我、了解社会的基础上,根据自己的性格、兴趣、能力等来选择或研究高职毕业后是就业、升学还是创业。

1)若经过认识自我、了解社会后,确定的目标是就业。那么,就要进行职业探索,扩大自己的选择范围;树立正确的职业观,制定切实可行的学业目标,进行知识准备、能力准备、工作和实践经验的准备、求职技巧准备。

2)如果确定的目标是专升本,就要做好专升本的准备工作。第一,了解专升本流程;第二,选择学校专业;第三,专业课复习;第四,数学或语文、英语复习。

3)如果确定留学,需要做的事情有:第一,了解留学国家的留学政策与趋势;第二,了解出国留学的信息与流程;第三,明确出国留学的理由,通过相关的外语考试。

4）如果选择创业，需要做的事情有：第一，提升创业素质；第二，满足经验、资金、技术与能力四大条件；第三，掌握创业时机和创业方向。

## （二）职业生涯目标的分解

职业生涯目标的实现不可能一蹴而就，需要将目标分解实施。目标分解的方法一般有两种，即按时间分解和按性质分解，如图4-5所示。

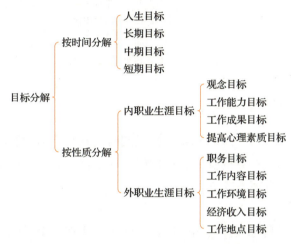

图4-5 职业生涯目标分解示意图

1. 按时间分解

具体方法是将人生目标分解为若干个长期目标（五年以上），每一个长期目标都有一个具体的目的，然后再将每一个长期目标继续分解成若干个中期目标。最后，继续将中期目标分解为短期目标。一般来说，短期目标服从和服务于中期目标，中期目标服从和服务于长期目标，长期目标服从和服务于人生目标。

2. 按性质分解

职业生涯目标按性质分为内职业生涯目标和外职业生涯目标，两者需同时进行。

（1）内职业生涯目标

内职业生涯目标是指从事一项职业时所具备的知识、观念、能力、心理素质、成功的内心感受等因素的组合及其变化过程。这些因素不是靠别人给的，而是自己通过努力获得和掌握的。

（2）外职业生涯目标

外职业生涯目标侧重于职业过程的外在标记，包括职务的升降、工作内容的重要与否、工作环境的优劣、经济收入的多少、工作地点的远近等。

## （三）职业生涯目标的组合

目标组合是处理目标之间相互关系的有效措施。如果只看到目标之间的排斥性，就只能在不同目标之间做出排他性的选择；而如果能着眼于各目标之间的因果和互补关系,就能积极地进行不同目标的组合。目标组合有三种方法:时间组合、功能组合和全方位组合,如图4-6所示。

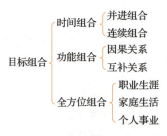

图4-6 职业生涯目标组合示意图

1. 时间组合

(1) 并进组合

并行组合指同时着手两个现行职业目标或同时实现与目前内容不相关的职业准备目标。例如,一个导游为了今后的发展,在做好本职工作的同时,业余时间学习新媒体类的专业课程,这有利于发挥人的更大潜能。

(2) 连续组合

连续组合指将各个目标按照时间先后连接起来,实现一个目标再进行下一个,连续而有序地实现各个目标。例如,一个土建工程师计划念完工商管理硕士后,当三年建筑设计室主任,再去创建自己的建筑装饰公司,各个目标分阶段一个一个地实现。

2. 功能组合

(1) 因果关系

通常情况下内职业生涯的发展是外职业生涯发展的前提,内职业生涯带动外职业生涯的发展。内职业生涯是原因,外职业生涯是结果。例如,能力目标的实现会促进职务目标的实现,而职务目标的实现又会带来经济收入的提高。

(2) 互补关系

把存在互补关系的目标进行组合,例如,一位酒店大堂经理希望在完成本职工作的同时,取得自考本科的学历证书,两者存在着互补关系。

3. 全方位组合

全方位组合是指职业、家庭和个人的均衡发展,相互促进。这要求大学生在设立职业生涯目标时,考虑个人事业发展、家庭生活和职业生涯中的各种目标,统筹协调,获得全方位的发展。

**实操练习4-8**

大学阶段的学习至关重要,能否顺利地完成由中学生到大学生的角色转变,能否顺利地完成大学期间的各阶段任务,能否顺利地找到自己喜欢而且能够胜任的职业岗位,做自己喜爱的工作,关键在于大学生在校期间的自我规划意识和能力,在于大学生对于大学生活的合理规划和积极行动。

请依据自己所确立的目标,按时间和性质不同,对大学期间职业生涯目标进行分解,结合图4-7来制订自己的行动计划,并将其进行扩充完善。

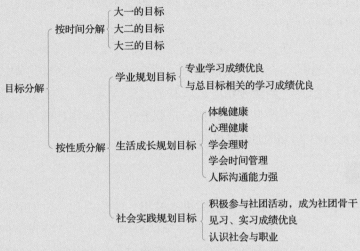

图4-7 大学期间职业生涯目标分解示意图

你也可以通过文字的形式来罗列自己每个学期的行动计划。

1. 大学一年级

第一学期的生涯规划任务如下:

1)开启"知行千日"养成计划,做到两个月内适应大学生活,能认识全班所有的同学,积极参加校园文化活动和社会实践活动;

2)积极进行自我探索,分析自己的性格、兴趣、能力、价值观等;

3)了解所学习的专业,了解本专业与相关职业的关系;

4)在学校职业生涯规划工作中心进行一次专业的职业咨询;

5)顺利通过计算机等级考试、英语AB级考试,为后续考取更高一级的英语等级证书做好准备;

6)……

2. 大学一年级

第二学期的生涯规划任务如下:

1)……

## 四、职业生涯目标的评估

职业生涯目标的评估是指在达到职业目标的过程中自觉地总结经验和教训,修正对自我的认识和最终的职业目标。影响职业生涯规划的因素有很多,有的变化因素是可以预测的，而有的变化因素难以预测。在此状况下，当进行职业生涯规划时，由于对自身及外界的环境都不十分了解，最初确定的职业生涯目标往往都是模糊或抽象的，有时甚至是错误的。经过一段时间的学习生活后，有意识地回顾自己的行为，对自己进行重新认识与评估，调整自己的目标，在实施过程中自觉地总结经验教训，修正自己的职业生涯规划。修正的内容包括职业岗位的重新选择、职业生涯路线的新规划、人生目标的修正、实施措施与计划的变更等。

调查表明，不少人是在一段时间的尝试和寻找之后，才了解到自己到底适合于哪个领域、哪个层面的工作的。在缺乏反馈和修正的情况下，这段时间可能长达十几年，或者需要较大的挫折才能使人幡然领悟，或者是通过继续学习，才能更清醒地发现自己的潜能、长处和短处。职业生涯目标的评估，是职业生涯中不能回避的问题，也是保证职业生涯成功和职业目标实现的重要手段之一。

## 任务评价

完成任务 4-3 的学习之后，请大家从课堂参与、实践内化、价值认同三个维度进行任务评价。注意，表 4-12 采用赋分制，每一项的分值为 0～25 分，请你根据实际的情况为自己赋分。同时，对本学习任务的知识内容等进行复盘，将自己的反思与总结写在表 4-12 内。

表 4-12　设定职业生涯目标，制订行动计划的任务评价

| | 任务评价点 | 赋分 | 反思与总结 |
| --- | --- | --- | --- |
| 课堂参与 | 能积极、认真地完成任务 | | |
| 实践内化 | 掌握目标确立的原则，熟悉职业生涯目标的类型 | | |
| | 能够自主思考，并运用职业生涯目标的组合与分解方式制订行动计划 | | |
| 价值认同 | 能正确认识职业生涯目标和行动计划的重要性 | | |
| 总分 | | | |

## 课后练习

1. 我们在进行职业生涯规划决策时，可以采用哪种行之有效的决策方法？
2. 尝试运用上述决策方法对近期自己即将做出的一项决策进行分析。
3. 根据自己的职业目标，结合目标设置原则，详细制订自己的行动计划。

## 应用案例

### 跨境电子商务专业李同学的决策风格分析

1. 李同学在高中期间所做的重大决定

高一时，李同学的理科成绩一直不是很理想，也没有想过自己将来到底想要从事

什么样的工作，因此，在高中选考科目的选择上一直很犹豫。妈妈认为李同学理科不好，还是学习一点文科方面的知识，到时候容易背诵；爸爸却认为理工科将来还是比较容易找工作，应该学习理科。小李的高中老师也建议其从7门选科中尽量选择2~3门文科，认为这样比较适合。经过反反复复的犹豫和纠结，李同学最终选择了政治和历史（拖延型）。看到身边很多的同学选择了技术这科，她认为会相对简单一些，小李跟从大多数同学的选择，也选择了技术（顺从型）。

高考填报志愿时，李同学踌躇不定。她想要学中文专业，将来可以当记者和作家，但父母都认为中文专业没什么实际意义（理由是"中国人都会讲中文"），毕业以后不好找工作。她很喜欢英语，成绩也好，但父亲觉得纯语言的学习仍然没有太大的优势。最后，在老师的建议下，李同学选择了跨境电子商务专业，父母也很认可，因为一方面跨境电商专业比较热门；另一方面跨境电商专业对语言的要求也很高，英语是该专业学习的主要内容之一。在专业选择上，虽然李同学认为自己的兴趣是重要因素，但父母和老师的意见还是起了主导作用（顺从型）。在此之前，李同学没有想过自己会进入企业或从商，但学习跨境电子商务专业后，她对当一名管理者产生了兴趣，因为她觉得自己有一些这方面才能。但是，对于财经类科目的学习，她觉得比较头痛，她不太喜欢处理数据这一类的事情。有时她甚至怀疑，自己是不是单纯学英语会更好。

通过对以上事件的回顾，李同学意识到自己最常用的决策模式是顺从父母、老师的意见，有时也凭直觉行事。现在她已经长大了，更有能力为自己做主了，她决定要开始自我决策。她感到，在职业发展上，她已经做好了为自己进行计划型决策的准备。当然，她知道这种自信不仅建立在对自己和环境有充分了解的基础上，还需要掌握好的决策技能。

2. 李同学使用CASVE循环对自己现阶段面临的职业决策问题进行分析

（1）沟通

上大学以后，李同学就不断听到媒体和高年级同学说就业形势如何严峻、工作如何难找。开始，李同学以为只要好好学习就行了，找工作是大三时才考虑的事情。后来，一位学姐告诫她：找工作的事要及早考虑、及早准备，周围的不少同学也都纷纷开始打听专升本的消息，她才意识到自己需要了解更多这些方面的信息。

（2）分析

李同学开始觉得这只是找工作的问题，但经过对"大学生职业生涯规划"课程的学习以后，她发现原来职业生涯规划不只是找工作那么简单，而是要考虑个人的长远全面发展。从课程学习中，她了解到职业生涯规划需要建立在对自己和职业世界的清楚认识上。她意识到她对自己的认识还不太全面、清晰，至于对工作世界的了解就更缺乏了，而且她也不知道该怎样去进行探索。她认识到，在进行职业生涯规划前，自己首先需要很好地掌握职业生涯规划的方法。

（3）综合

李同学首先想到的是请教自己的父母、老师，还有高年级的同学。她也想到可以上网去了解相关信息。她知道学校有就业指导中心，她想那里应该有不少信息。她还想到图书馆去看看，或许能找到一些相关的书籍。

（4）评估

李同学与学长学姐以生涯人物访谈的方式进行了访谈，他们都给了李同学一些经验和建议。但李同学感到他们并没有太多系统有效的方法，毕竟他们也都是凭着自己的个人经验来找工作的。网上倒是有不少这方面的信息，但大多比较零散，缺乏系统性和操作性。李同学在书店里寻找了一下，发现这方面的书大部分是讲怎么写简历和面试技巧的，要不就是一些干巴巴的理论，对自己没有什么帮助。李同学还去了学校的生涯规划工作室进行咨询，咨询老师结合小李的学习情况与课程教学内容等，帮助其进行分析。老师还给她推荐了几本比较好的职业生涯规划类书籍。

（5）执行

李同学经过大半个学期的学习与职业生涯咨询，感到自己掌握了进行职业生涯探索和规划的具体方法。更重要的是，她越来越明确自己需要的是什么，也更有信心实现自己的目标。

回顾自己学习这门课程以及咨询的过程，李同学感到自己已经在运用"计划型"的决策模式来解决自己的职业生涯规划问题了。她发现，"大学生职业生涯规划"这门课程所教给她的，就是怎样在职业生涯发展中用一种计划性的、有效的模式来进行职业生涯决策。

# 项目 5　撰写职业生涯发展报告

不积跬步，无以至千里；不积小流，无以成江海。

——《劝学》

**项目要求：**
了解职业生涯发展报告的撰写要求；
了解行动成果积累的一般路径；
掌握职业生涯发展报告的基本架构，学会撰写职业生涯发展报告。

## 任务 5-1　分析职业生涯发展报告

### 任务目标

掌握职业生涯发展报告的基本架构。

### 任务要求

职业生涯规划是对个人职业生涯发展道路进行选择和设计的过程。规划的内容和结果应该在规划过程中及规划后形成文字性的方案，也就是撰写职业生涯发展报告，以便理顺规划的思路，提供操作指引，随时评估与修正。

下面，请分析职业生涯发展报告应该包括哪些基本内容。

### 任务实施

**步骤1**　请先回忆我们前几个项目所学的内容。

**步骤2**　请在下方区域内写出你认为职业生涯发展报告需要包括的基本内容。

**步骤3** 学习"知识平台"中职业生涯发展报告的基本架构，然后思考你在步骤2写的内容与其有什么不同，进行小组讨论。

## 知识平台

### 职业生涯发展报告的基本架构

职业生涯发展报告能够帮助我们科学合理规划学业与职业发展，提升就业竞争力。一份完整有效的职业生涯发展报告主要包括三个部分：职业目标、行动成果、目标契合度，见表5-1。

表5-1　职业生涯发展报告的基本架构

| 内容 | 说明 |
| --- | --- |
| 职业目标 | 1. 职业目标要体现积极正向的价值追求，能够将个人理想与国家需要、经济社会发展相结合<br>2. 职业目标能匹配个人价值观、能力优势、兴趣特点<br>3. 准确认识目标职业在专业知识、通用素质、就业能力等方面的要求，科学分析个人现实情况与目标要求的差距，制订合理可行的计划 |
| 行动成果 | 1. 成长行动符合目标职业在通用素质、就业能力、职业道德等方面的要求<br>2. 成长行动对弥补个人不足的针对性较强<br>3. 能够将专业知识应用于成长实践，提高通用素质和就业能力<br>4. 成长行动内容丰富，取得阶段性成果 |
| 目标契合度 | 1. 行动成果与职业目标的契合程度<br>2. 总结成长行动中存在的不足和原因，对成长计划进行动态调整 |

首先，职业生涯发展报告中的第一部分就是确立职业目标，一般应具备以下六项基本元素：

（1）个人基本信息

包括姓名、专业、职业目标、目标职业城市、备选目标及理由等。

（2）自我认知

主要从个人兴趣、性格、能力、价值观等方面分析自我，并运用测评工具进行评估。

（3）职业认知

分析家庭环境、学校环境对目标职业选择的影响，并应用文献检索等方法介绍目标职业整体就业趋势、目标行业现状、目标职业的工作内容、发展前景、薪资待遇及对生活的影响、目标企业及地域分析等情况。

（4）职业决策

正确运用评估理论和决策模型来详细描述职业目标的选择过程、备选目标，要求职业决策符合外部环境和个人特质。

（5）计划与路径

了解目标职业在专业知识、通用素质、就业能力等方面的要求，科学分析个人现实情况与目标要求的差距，制订个人短、中、长期的发展计划。

（6）自我监控

要求科学设定评估方案，并制订调整方案，且要具有可操作性。如果在实施过程中无法达到制定的目标或要求，应当加以修正和调整。

其次，除了做好职业发展规划之外，职业生涯发展报告往往还包括实现职业目标的具体行动和成果，这对于一份完整的职业生涯发展报告很重要。因此，确定了自己的职业目标之后，要及时采取行动，不断夯实自己的行动成果。

## 任务评价

完成任务 5-1 的学习之后，请大家从课堂参与、实践内化、价值认同三个维度进行任务评价。注意，表 5-2 采用赋分制，每一项的分值为 0～25 分，请你根据实际的情况为自己赋分。同时，对本学习任务的知识内容等进行复盘，将自己的反思与总结写在表 5-2 内。

表 5-2　分析职业生涯发展报告的任务评价

| | 任务评价点 | 赋分 | 反思与总结 |
| --- | --- | --- | --- |
| 课堂参与 | 能积极、认真地完成任务 | | |
| 实践内化 | 掌握职业生涯发展报告的基本架构 | | |
| | 能正确分析职业生涯发展报告 | | |
| 价值认同 | 能正确地将个人职业目标与国家发展相结合 | | |
| | 总分 | | |

# 任务 5-2　掌握职业生涯发展报告的撰写方法

## 任务目标

掌握职业生涯发展报告的撰写方法。

### 任务要求

在了解了职业生涯发展报告的基本架构之后，我们还需要进一步掌握撰写职业生涯发展报告的方法与技巧。

下面请分析撰写职业生涯发展报告时，应该把握哪些写作要求及注意事项。

### 任务实施

**步骤1** 请在下方区域内写出你认为撰写职业生涯发展报告需要注意的相关事项。

**步骤2** 学习"知识平台"中职业生涯发展报告的撰写要求，然后思考你在步骤1写的内容与其有什么不同，进行小组讨论

### 知识平台

## 一、撰写职业生涯发展报告的要求

### （一）资料翔实，步骤齐全

收集资料有多种途径，可以通过访谈、图书、报刊、网络平台等渠道获取资料，但是要注意资料的可信度及说服力。其主要分为四个步骤：分析需求，分析条件及目标设定；分析阻碍和可行性研究；设计方案和提升（改变）计划；制订详细的实施计划和措施。

### （二）论证有据，分析到位

要掌握有关的测评理论及知识，认真审视自己的测评报告并分析与测评结果形成差距的原因，从而确定自我评估结果，达到"知己"。同时，要厘清自己所处的环境（包括居住的地方、喜欢的地方、亲朋建议的地方等），明确自己的最大兴趣是什么，最喜欢与之共事的人的类型、最重视的价值与目标、最喜欢的工作条件是什么。再通过当前的外界环境（如社会环境、行业环境、企业环境、学校因素、家庭环境等）评估来确定自己的职业方向，做到说理有据，层层深入。

### (三) 言简意赅, 重点突出

语言朴实简洁，用词精练准确，行文流畅，条理清楚，这是最基本的写作要求。撰写时还应密切注意整篇报告的结构和重心所在。职业生涯发展报告必须紧紧围绕职业目标的确立、如何采取行动以及积累的成果这条主线来展开，从而体现报告论述的逻辑性和连贯性。要将重点放在自我评估、环境评估、目标实施上。职业生涯发展报告是对自己将来的一个规划，这个规划只有建立在对自我和职业充分认识的基础上才能体现其科学性和可行性。

### (四) 目标明确, 合理适中

撰写职业生涯发展报告应围绕论述的中心展开，职业生涯目标不能过于理想化，首先，应体现积极的价值追求，符合国家和社会经济发展的需要。其次，职业生涯目标应"择己所爱""择己所长""择己所需""择己所利"。职业生涯发展报告是否成功，在很大程度上取决于有无正确适当、切实可行的目标。

### (五) 分解合理, 组合科学

目标分解，实现路径选择要有理论依据，而且备用路径之间要有内在联系。目标组合要注意时间上的并进、连续，功能上的因果、互补。全方位的组合要涵盖职业生涯、家庭生活、个人事务等方面。

## 二、撰写职业生涯发展报告的注意事项

### (一) 建立基础

职业生涯发展报告是建立在对自己的兴趣、特长、能力、社会需要等各方面全面了解并评估的基础上的，进行目标设定时一定要结合自身特点和情况，不能完全脱离现实。同时要认清兴趣与能力。能力与社会需求都是存在一定差异的，我们所要做的是在诸多的因素中找一个结合点，将自己的经历经验、专业技能、兴趣特长有机地结合起来，这样的职业目标才会有生命力。

### (二) 理论依据

人才素质测评是了解自我的理论依据之一。有的同学在撰写职业生涯发展报告时，对自我的分析仅凭自我认识及他人评价，这是不全面的，也缺乏足够的理论依据。正确的做法是，将自我认识、他人评价和人才素质测评有机结合，形成一个较为全面的自我认知。据此设定的目标可信度才较高。当然，由于人才素质测评的效度和信度也不是绝对的，所以也不可完全根据测评结果设定职业目标。

### (三) 可行性

针对职业目标设定的措施一定要具有可行性，这是评估职业生涯发展报告的一个重要部分。最好制订出长期、中期、短期计划，并拟订详细的执行方案和时间限制，突出

为职业发展所做的准备工作。

### （四）风格和特色

无论是行文的风格、叙述的方式、文案的设计，还是职业目标的选择、职业路线的设计等，不同的见解和风格才是最吸引评判者眼光的地方。想要出色，就要力争做到创新，要彰显自己的风格与特色。

### （五）注意点

撰写规划书还有几忌：忌大、忌空、忌记流水账、忌条理不清、忌文法不通、错别字满篇、忌过于煽情、没有理性分析、忌死气沉沉、没有朝气。

## 任务评价

完成任务 5-2 的学习之后，请大家从课堂参与、实践内化、价值认同三个维度进行任务评价。注意，表 5-3 采用赋分制，每一项的分值为 0～25 分，请你根据实际的情况为自己赋分。同时，对本学习任务的知识内容等进行复盘，将自己的反思与总结写在表 5-3 内。

表 5-3  掌握职业生涯发展报告的撰写方法的任务评价

| | 任务评价点 | 赋分 | 反思与总结 |
| --- | --- | --- | --- |
| 课堂参与 | 能积极、认真地完成任务 | | |
| 实践内化 | 掌握了职业生涯发展报告的写作要求 | | |
| | 掌握了职业生涯发展报告的书写注意事项 | | |
| 价值认同 | 对撰写职业生涯发展报告的重要性有正确的认识 | | |
| 总分 | | | |

# 任务 5-3  充实职业生涯发展报告

## 任务目标

了解行动成果积累的基本方式。

## 任务要求

当了解了职业生涯发展报告的基本架构、撰写要求、注意事项之后，我们还需要进一步丰富职业生涯发展报告的内容，使得文本内容更加充实精彩。

下面，请分析哪些行动成果可以写入职业生涯发展报告，使其更加完备。

## 任务实施

**步骤1**　请在下方区域内写出你认为可以充实职业生涯发展报告的行动成果。

**步骤2**　学习"知识平台"中职业生涯发展报告行动成果的积累路径，然后思考你在步骤1写的内容与其有什么不同，进行小组讨论

## 知识平台

### 职业生涯发展报告行动成果的积累路径

行动成果的内容有多个方面，每一项都值得去探究并为之努力，如个人成长经历、学业情况、各类竞赛参加情况、社会实践经历等，见表5-4，其中社会实践经历又可以细化为学生干部经历、志愿经历、社会服务经历等。

表5-4　职业生涯发展报告行动成果的积累路径

| 路径类型 | 说明 |
| --- | --- |
| 个人成长经历 | 1. 参军入伍经历<br>2. 创业实践经历<br>3. 专业实习经历 |
| 学业情况 | 1. 学习成绩平均分或绩点在年级、班级等的排名情况<br>2. 是否获得各级各类奖学金（如国家奖学金、省政府奖学金、校奖学金等）<br>3. 考证情况（如英语等级证书、专业技能证书"学历证书＋若干职业技能等级证书"等）<br>4. 技能掌握情况（如专业核心技能的掌握情况、PS类的设计技能等） |
| 各类竞赛<br>参加情况 | 1. 专业类竞赛：学科类竞赛（如导游技能大赛、大学生电子设计竞赛、数学建模竞赛、服务型制造应用技术技能大赛等）、行业职业技能竞赛（如装备制造行业新技术应用技能竞赛等）、"振兴杯"全国青年职业技能大赛等<br>2. 就业创业类竞赛：中国大学生职业规划大赛、中国国际大学生创新大赛、"挑战杯"中国大学生创业计划竞赛、大学生乡村振兴创意大赛等<br>3. 人文艺术类竞赛：全国大学生艺术节、中华经典诵写讲大赛等<br>4. 体育类竞赛：各类大学生体育竞赛<br>5. 其他类竞赛 |

(续)

| 路径类型 | 说明 |
|---|---|
| 社会实践经历 | 1. 是否有担任院校两级等学生组织的学生干部经历<br>2. 是否有参与过各类志愿服务活动，如杭州亚运会志愿者、各类博览会志愿者等<br>3. 是否参与过各类社会服务活动，如暑期社会实践、红色宣讲活动、校外文艺表演等 |

## 任务评价

完成任务 5-3 的学习之后，请大家从课堂参与、实践内化、价值认同三个维度进行任务评价。注意，表 5-5 采用赋分制，每一项的分值为 0～25 分，请你根据实际的情况为自己赋分。同时，对本学习任务的知识内容等进行复盘，将自己的反思与总结写在表 5-5 内。

表 5-5 充实职业生涯发展报告的任务评价

| 任务评价点 | | 赋分 | 反思与总结 |
|---|---|---|---|
| 课堂参与 | 能积极、认真地完成任务 | | |
| 实践内化 | 掌握职业生涯发展报告行动成果积累的一般路径 | | |
| | 能够切实采取行动，不断积累自己的行动成果 | | |
| 价值认同 | 对充实职业生涯发展报告的重要性有正确的认识 | | |
| 总分 | | | |

## 课后练习

1. 请按照基本架构内容书写个人的职业生涯发展报告。
2. 请对照书写方法、注意事项，书写个人的职业生涯发展报告。
3. 请完成个人职业生涯发展报告。

## 应用案例

小孟同学撰写了一份职业生涯发展报告，内容如下。

**新能源汽车维修工程师职业生涯发展报告**

**一、职业缘起**

1. 解锁职业

党的二十大报告指出，坚持把发展经济的着力点放在实体经济上，推进新型工业化。在"双碳"目标建设背景下，新能源因其能更好地应对气候变化挑战，改善全球生态环境，而更加得到重视，新能源汽车成为全球汽车产业转型升级和绿色发展的主要方向。

根据行业运行数据，2023年我国汽车产销均首超3000万辆，新能源产销分别完成958.7万辆和949.5万辆，同比分别增长35.8%和37.9%，市场占有率达到31.6%。

现阶段，国内新能源汽车市场处于高速发展期，虽然市场长期前景向好，但也不可避免地出现发展中的问题和瓶颈，销售量增加随之带来的问题就是售后维修技能型人才的大量缺口。

2. 解锁自己

为了对自己全方位剖析，我进行了职业价值观、能力、兴趣的测试。测试结果显示我具有较好的动手能力，对器械操作具有一定的灵活度，同时具有较强的适应能力、沟通能力、管理能力，具有积极的敬业精神及合作态度。在老师眼中我是一个对汽车专业技术痴迷的人，在同学眼中我是为汽车技术忙碌的人，在家人眼中我是为前途努力奋斗的人。这与我理想的新能源汽车维修工程师这一职业非常契合。

二、上下探索

目标岗位是一个集汽车技术、讲解能力、管理能力等多项能力于一体的高水平岗位。

从学科专业背景角度看，我中职学的是汽车运用与维修，已通过学习和参加各项技能竞赛，掌握了汽车的工作原理、运行理论、实际操作。大学期间选择的专业是新能源汽车技术，在校期间参加多次技能大赛，熟悉新能源汽车的工作原理，有良好的专业技术基础。

对于目标企业来说，理想汽车是一种增程式混动汽车，需要维修工程师掌握汽油车以及新能源汽车的双重技术，我认为自己的学习经历非常适合理想汽车。

从家庭背景角度看，父母大力支持我选择这个行业，并且在家中有人从事交通运输类的工作，会为我在未来就业工作中引路。

从社会资源角度看，新能源汽车行业前景广阔，国家政策也大力支持发展。目前发展势头良好，有不错的薪酬待遇和成长空间，但人才缺口较大。

三、照亮未来

1. 目标制订

（1）短期目标

大一（奠基期）：尽快适应学习环境，掌握扎实的专业基础知识。参加新能源汽车类的学生社团，在社团中锻炼自己的动手操作能力，切实提升自己的专业技能。

大二（关键期）：在这一年里，既要稳抓基础，又要做好由基础课向实践课过渡的准备，通过以赛促学，参加一些专业类的比赛来提升维修技能。同时，考取一定的专业相关证书，如，机动车驾驶证、低压电工证、汽车维修等级证书等。

大三（实习期）：到理想公司实习，努力完成实习任务，争取获得"优秀实习生"的称号。积攒经验，为之后的工作奠定基础。

为了对照职业发展路径，我围绕自己的职业目标，制定了职业规划"甘特图"（见图5-1），并制订了行动计划，打算2024年8月正式进入理想汽车实习，2028年左右取得终极目标岗位。

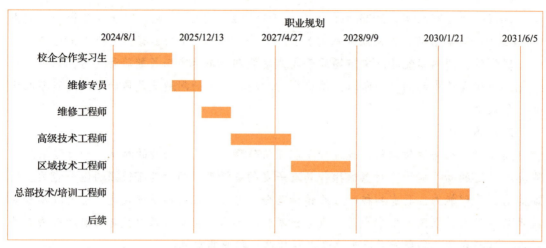

图 5-1　职业规划"甘特图"

（2）中期目标

积累一定经验后，我计划在未来三年内，由一名维修专员向一名高级技术工程师过渡，更好地掌握汽车维修的相关专业技能、知识等。

（3）长期目标

通过自身的不断努力，最终成为总部技术培训工程师，为新员工开展培训。

2. 目标评估

为了更好地实现发展路径，了解目标的实现情况，我将定期对自己进行评估，及时进行科学分析，制订更适合自己的行动计划与职业目标。

我相信，通过不断的学习和实践，我会成为一名高素质高技术能力的工程师。也许我要走的路很长，但我会朝着既定的目标，一路前行，实现自己的梦想！

## 项目 6　了解就业形势与流程

物格而后知至，知至而后意诚，意诚而后必正，必正而后身修，
身修而后家齐，家齐而后国治，国治而后天下平。

——《礼记·大学》

**项目要求：**
了解当前大学生就业形势；
熟悉大学生就业流程，为就业做好准备。

## 任务 6-1　制订就业计划

### 任务目标
了解大学生就业形势。

### 任务要求
多维度理解大学生就业形势。

### 任务实施
步骤 1　请至少参加一场线下招聘会。
步骤 2　小组交流参会感受，各自制订下一步的就业计划，并填写在下方。

## 大学生就业形势分析

### （一）政治形势

高校毕业生就业工作的有序平稳开展离不开稳定的政治环境。高校毕业生是国家最宝贵的人才资源。

党的二十大报告着眼于新时代新征程，针对新形势新情况，对实施就业优先战略作出新的全面部署，明确就业优先的战略任务，提出一系列新要求。

随着国家政策方针的完善和发展，当前高校毕业生就业方式由传统的找企业签订就业协议、劳动合同等，逐渐向升学、创业、灵活就业、出国、西部志愿服务、大学生村干部和农村特岗教师等转变。而近几年一直在改革的户籍管理制度，弱化了户口对大学生就业的限制，这不但可以促进大学生择业的自主性和能动性，而且也扩大了大学生就业的空间。

### （二）经济形势

一个国家、一个地区在一定时期内的经济状况，直接影响其劳动就业状况。大学生选择职业，不可避免地要受到当时社会经济状况的影响。从整个国家范围来看，经济发展与科学技术进步、劳动生产率提高、职业演化速度加快、就业岗位增加极为相关。

近年来，受贸易保护主义、地缘政治等因素影响，全球经济放缓。我国采取积极的财政政策和稳健的货币政策，应对经济下行压力，促进经济的复苏和发展，已经取得了显著的成效。预计未来几年，我国经济将继续保持增长。

### （三）市场形势

1. 大学生就业压力增大

如图 6-1 所示，随着高校扩招政策的实施，大学生人数逐年增加，而就业岗位并没有同步增长。因此，大学生就业市场呈现出供大于求的态势，就业竞争激烈。同时，近几年企业招聘规模缩小，大学生就业压力进一步增大。

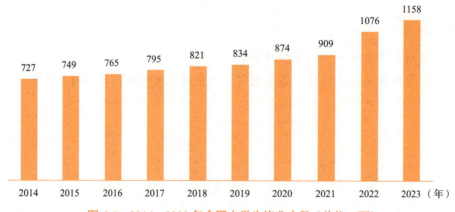

图 6-1　2014—2023 年全国大学生毕业人数（单位：万）

### 2. 大学生就业结构发生变化

新兴产业的兴起给毕业生就业带来了新的机遇与挑战。例如，以信息技术为基础的数字经济兴起，小微企业得到发展，大学生根据互联网技术获得了更广阔的就业和创业平台。同时，随着产业结构的调整演变，第三产业逐渐成为国民经济的重要产业类型。第三产业具有吸纳大量劳动力的特点，毕业生在就业时可以不限定于国企、外企或者公务员、事业编制等，在新兴产业和第三产业中寻找就业机会并获得报酬和自身发展平台。与此同时，一些传统行业逐渐减少招聘需求。

### 3. 大学生就业地域差异明显

中国的经济发展不平衡，东部沿海地区的经济发达，就业机会相对较多；而中西部地区的经济发展相对滞后，就业机会较少。北上广深等一线城市和沿海区域对大学生的吸引力更强。"一带一路"建设、京津冀协同发展、长江经济带发展等国家重点建设地区，有大量各专业的人才缺口，无论是在薪酬水平、发展机会、职业成长，还是生活水平等方面，都更加符合当前大学生的就业选择。15个新一线城市包括成都、杭州、重庆、武汉、苏州、西安、天津、南京、郑州、长沙、合肥、青岛、宁波、东莞、昆明，都先后出台"留才"措施，加大力度吸引优秀毕业生，不仅为北上广深的就业市场进行分流，而且给打算留在大城市的毕业生提供更多的机遇和优惠。

### 4. 大学生职业素质要求提高

随着社会的发展，企业对大学生的职业素质要求也越来越高。除了专业知识和技能外，企业还注重大学生的综合素质如沟通能力、团队合作能力、创新能力等。近年来，大学毕业生深造意愿越发强烈，高职生专升本报考比例逐年上升。以浙江省为例，根据浙江省教育考试院、浙江省教育评估中心发布的《浙江省毕业生职业发展状况及人才培养质量调查报告》，2020—2022届浙江省高职升学率分别为18.19%、18.39%、19.26%，呈递增趋势。

### 任务评价

完成任务6-1的学习之后，请大家从课堂参与、实践内化、价值认同三个维度进行任务评价。注意，表6-1采用赋分制，每一项的分值为0～25分，请你根据实际的情况为自己赋分。同时，对本学习任务的知识内容等进行复盘，将自己的反思与总结写在表6-1内。

表6-1 制订就业计划的任务评价

| 任务评价点 | | 赋分 | 反思与总结 |
| --- | --- | --- | --- |
| 课堂参与 | 能积极、认真地完成任务 | | |
| 实践内化 | 对目前的就业形势有正确的认识 | | |
| 价值认同 | 能正确认识掌握就业形势的价值 | | |
| | 通过任务实施，对就业指导的重要性有一定的认识 | | |
| 总分 | | | |

## 任务 6-2　熟悉大学生就业流程

### 任务目标

熟悉大学生就业流程，为就业做好准备。

### 任务要求

了解就业类型，掌握就业流程实操。

### 任务实施

**步骤 1**　请同学们浏览各校就业网、24365-国家大学生就业服务平台、国家大学生就业服务平台。

**步骤 2**　以小组为单位，一起认识"就业协议书""劳动合同""就业推荐表""毕业生档案""户口迁移证明"等文件。

### 知识平台

#### 一、毕业生就业常见类型

根据教育部、浙江省教育厅有关文件精神，目前所涉及的毕业生就业类型主要有以下几种，如表 6-2 所示。

表 6-2　毕业生就业的常见类型

| 类型 | 类型界定 |
| --- | --- |
| 1. 签就业协议形式就业 | （1）与就业单位签订省级就业部门统一制定的就业协议书，且盖有单位人力资源（人事）部门公章或单位行政公章 |
| | （2）具有人事调配权限的单位出具的接收毕业生及其人事关系（档案、户口、党团组织关系等）的录用接收函 |
| | （3）定向、委托培养毕业生回原定向、委托培养单位就业 |
| | （4）部队招收士官或文职人员 |
| | （5）医学规培生 |
| | （6）国际组织任职 |
| | （7）出国、出境就业 |
| 2. 签劳动合同形式就业 | 毕业生与用人单位签订劳动合同 |
| 3. 科研助理 | 科研助理、管理助理 |
| 4. 应征义务兵 | 应征义务兵 |

(续)

| 类型 | 类型界定 |
|---|---|
| 5. 国家基层项目 | （1）特岗教师 |
| | （2）"三支一扶" |
| | （3）西部计划 |
| 6. 地方基层项目 | （1）特岗教师 |
| | （2）选调生 |
| | （3）农技特岗 |
| | （4）乡村医生 |
| | （5）乡村教师 |
| | （6）其他 |
| 7. 其他录用形式就业 | 用人单位不签订就业协议或劳动合同，仅提供聘用证明、工资收入流水等证明材料 |
| 8. 自主创业 | （1）创立公司（含个体工商户） |
| | （2）在孵化机构中创业，暂未注册或注册当中 |
| | （3）电子商务创业，利用互联网平台从事经营活动，如开设网店等 |
| 9. 自由职业 | 指以个体劳动为主的一类职业，如作家、自由撰稿人、翻译工作者、中介服务工作者、某些艺术工作者、互联网营销工作者、全媒体运营工作者、电子竞技工作者等 |
| 10. 升学 | 专科升普通本科 |
| 11. 出国、出境 | 毕业生出国、出境深造 |

## 二、大学生就业流程

就业流程一般包含就业准备、生涯规划、求职行动、签约和入职等环节。就业可谓毕业季最重要的任务，是一个动态过程，需要办理相关文件，通常会持续数月时间。同时，教育管理部门为实现毕业生高质量充分就业，保障毕业生权益，设有就业跟踪调查等环节。浙江省大学生就业流程图如图 6-2 所示。

## 三、就业相关文件和手续

### （一）就业推荐表

1. 什么是"就业推荐表"？

"就业推荐表"（以下简称"推荐表"）是学校向用人单位介绍毕业生在校各方面综合情况的一种凭证，也是毕业生与用人单位双向选择、洽谈的介绍信。

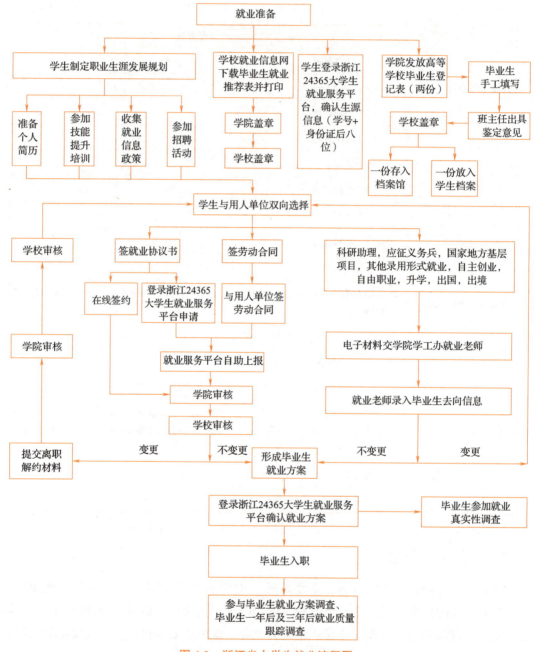

图6-2 浙江省大学生就业流程图

2."推荐表"有什么作用？

"推荐表"需加盖校招生就业处"同意推荐"专用章方有效。其中，该表的综合评定及推荐意见是由最了解毕业生大学生活全面情况的班主任或辅导员填写，并以学校的名义向用人单位推荐，对用人单位具有较大的权威性和可靠性，大部分用人单位把该表作为主要书面材料。学生不得私自涂改，学生应聘时可以用复印件，真正与用人单位达成就业意向时，可把原件交给用人单位。

3. "推荐表"如何申领和补办?

毕业生登录校就业网填报"推荐表",经学院学校审核完毕,可生成"推荐表",盖章后生效。如有损毁或遗失,经学院核实同意后到校招生就业处申领。

### (二)就业协议书

1. 什么是"就业协议书"?

"普通高等学校毕业生就业协议书"(以下简称"就业协议书"),是学校证明毕业生具有就业资格,也是用人单位到毕业生就业主管部门办理毕业生审批手续的凭证。

2. "就业协议书"如何领取?

毕业生与用人单位达成录用意向后,可通过"24365-国家大学生就业服务平台"(https://24365.smartedu.cn/)在线申请"就业协议书",待学院学校审核后毕业生可自行下载并打印"就业协议书"。

3. 如何签订"就业协议书"?

毕业生与用人单位达成录用意向后,即可签订"就业协议书"。"就业协议书"签订分以下步骤:

1)用人单位填写"甲方(用人单位)"栏内容;

2)毕业生填写"乙方(毕业生)"栏内容;

3)用人单位在"用人单位或单位人事部门签章"栏内盖公章;

4)由用人单位或毕业生本人在办理相关手续后,请相关单位在"用人单位上级人事主管部门或所属地人社局签章"栏内盖公章或通过网上办理"高校毕业生就业接收函"(以下简称"接收函")。该"接收函"作为转档凭证。

5)毕业生将"就业协议书"和"接收函"传至学院,进行就业方案登记。毕业生毕业后,签订"就业协议书"与签订劳动合同具备同样的效用。

4. 如何办理"就业协议书"解约手续?

毕业生与用人单位签订"就业协议书"后,毕业生和用人单位都应认真履行协议。双方若无法行使协议,均需承担违约责任。解约步骤如下:

1)毕业生到原签约单位办理离职(解约)手续,解除就业协议;

2)通过"24365-国家大学生就业服务平台"上传解约函或离职证明重新申请"就业协议书"。

### (三)毕业生档案

1. 毕业生档案内有哪些材料?

档案中除高中阶段材料和有关高考录取的材料外,下列材料归入毕业生档案,如毕业生登记表、学习成绩单、党(团)组织材料、毕业生奖惩材料等。

2. 毕业生就业后档案如何转移?

毕业生的档案由校招生就业处按其就业单位,经EMS统一投寄到毕业生工作单位所归属的档案管理部门。对8月底尚未就业的毕业生,档案将被派至生源地人社局或教育局。

3. 转档案以什么为依据？

就业方案、升学的录取通知书和各县（市、区）人才中心或单位人事主管部门的调档函是毕业生转递档案的凭证。

4. 哪些机构可以接收毕业生人事档案？

可以接收毕业生人事档案的有各地人社局、人才中心、大中型国有企事业单位、机关政府部门等有人事档案管理权的单位及人事档案代理机构。中小型私营、民营企业无权接收人事档案，毕业生可根据公司要求，将档案代理在用人单位指定的人才机构、用人单位所在地人才机构或在经用人单位同意后转回生源地人才机构代理。考取全日制专升本的毕业生档案则由录取高校招办接收管理；出国（境）留学、工作的毕业生档案一般退回生源所在地人社局；应征入伍的毕业生批准入伍后，由入伍地人武部统一办理档案、户籍手续。

5. 档案不明确会有什么影响？

毕业生到工作单位报到后，应向人事部门查询自己的人事档案是否已及时转达。如果发生人事档案不明确，将可能影响相关手续的办理，为今后的生活和工作带来不必要的麻烦，如就业、工龄认定、职称评审、出国（境）政审、转正定级、开具婚姻生育证明等。

### （四）毕业生户籍

1. 毕业生的户口由哪个部门负责办理？

毕业生户口由学校保卫处负责收集户口迁移信息，并负责办理"户口迁移证"，由各二级学院发给毕业生。

2. 不及时办理落户手续有什么影响？

如不及时办理落户手续，会对今后的生活和工作带来麻烦，如婚姻登记、出国（境）办理等。

### （五）毕业生报到

1. 毕业生到单位应办理哪些入职手续？

1）在规定时间内向用人单位报到；

2）办理落户手续（由个人或单位办理）；

3）查询档案；

4）与用人单位签订劳动合同。

2. 什么是劳动合同？应该包括哪些方面的问题？

劳动合同是劳动者与用人单位确立劳动关系、明确双方权利和义务的协议。建立劳动关系应当订立劳动合同。订立和变更劳动合同，应当遵循平等自愿、协商一致的原则，不得违反法律、行政法规的规定。劳动合同依法签订后立即具有法律约束力，当事人享受劳动合同规定的权利，同时履行劳动合同规定的义务。

劳动合同应以书面形式订立，并具备以下条款：劳动合同期限、工作内容、劳动保护和劳动条件、劳动报酬、劳动纪律、劳动合同终止的条件、违反劳动合同的责任等。此外，当事人可以协商约定其他内容。

不签订劳动合同，个人合法权益受到侵害将无法得到法律保障。

3. 什么是合同期、试用期、见习期？

（1）合同期

指劳动合同的有效时间，起始于劳动合同生效之日，结束于劳动合同终止之日。其类型共有三种：

1）固定期限劳动合同，是指有明确具体的起始日期和结束日期的劳动合同。

2）无固定期限劳动合同，是指不约定终止日期的劳动合同。但签订无固定期限劳动合同双方当事人应约定终止条件，不得将法定解除条件作为终止条件约定，以防止用人单位规避解除劳动合同时支付劳动者经济补偿等义务。

3）以完成一定工作为期限的劳动合同，是指双方当事人将完成某项工作约定为终止条件的劳动合同。

（2）试用期

《劳动合同法》有关试用期的条款如下："劳动合同期限是三个月以上不满一年的，试用期不得超过一个月；劳动合同期限一年以上不满三年的，试用期不得超过二个月；三年以上固定期限和无固定期限的劳动合同，试用期不得超过六个月。同一用人单位与同一劳动者只能约定一次试用期。以完成一定工作任务为期限的劳动合同或者劳动合同期限不满三个月的，不得约定试用期。试用期包含在劳动合同期限内。劳动合同仅约定试用期的，试用期不成立，该期限为劳动合同期限。"

（3）见习期

一般是毕业生到部分国家机关、国有企事业单位工作时，在定级定职之前约定的一定工作期限，现在这一概念在大部分单位已经淡化。

4. 什么是"五险一金"？缴纳比例如何规定？

"五险一金"的"五险"包括养老保险、医疗保险、失业保险、工伤保险和生育保险，"一金"指的是住房公积金。其中，前三种又称"三险"，是由政府部门颁发实施的社会保险，带有强制性。凡"三险"规定适用单位，必须无条件地执行，它是单位必须承担的基本社会义务，对劳动者来说，是应当享受的基本权利。试用期也是合同的有效期，即使在试用期内职工也享有"三险"的权利。住房公积金则视单位情况而定。

### 任务评价

完成任务 6-2 的学习之后，请大家从课堂参与、实践内化、价值认同三个维度进行任务评价。注意，表 6-3 采用赋分制，每一项的分值为 0~25 分，请你根据实际的情况为自己赋分。同时，对本学习任务的知识内容等进行复盘，将自己的反思与总结写在表 6-3 内。

表 6-3　熟悉大学生就业流程的任务评价

| 任务评价点 | | 赋分 | 反思与总结 |
| --- | --- | --- | --- |
| 课堂参与 | 能积极、认真地完成任务 | | |
| 实践内化 | 熟悉目前的就业流程 | | |
| 价值认同 | 能正确认识掌握就业流程的价值 | | |
| | 通过任务实施，对职业生涯规划的意识有一定提升 | | |
| 总分 | | | |

### 课后练习

1. 参加招聘会，尝试投递简历，参与面试，体验求职并分享感受。
2. 搜索整理省市区各级毕业生就业创业政策。

### 应用案例

#### 别因"工资面议"而踩"坑"

"工资面议"是招聘启事中常见的用语，其字面意思是工资有待劳动关系双方在签订劳动合同时协商确定。但实践中，一些用人单位却借此耍花招，侵犯劳动者权益，求职者需当心。

1. "面议"内容不写入合同，当心无据可查

钟女士前往一家公司应聘，当时公司称签订劳动合同时再"工资面议"。双方决定建立劳动关系时，口头约定钟女士的月工资为6000元，但并没有写进劳动合同。当钟女士领取第一个月的工资时，却发现自己的月工资只有2200元。面对钟女士的质疑，公司坚持面议时确定的就是2200元。由于没有将"面议"的结果写入书面劳动合同，钟女士面临举证难题。

《民事诉讼法》第六十七条规定："当事人对自己提出的主张，有责任提供证据。"最高人民法院《关于适用〈民事诉讼法〉的解释》第九十条规定："当事人对自己提出的诉讼请求所依据的事实或者反驳对方诉讼请求所依据的事实，应当提供证据加以证明，但法律另有规定的除外。在作出判决前，当事人未能提供证据或者证据不足以证明其事实主张的，由负有举证证明责任的当事人承担不利后果。"

《劳动争议调解仲裁法》第六条规定："发生劳动争议，当事人对自己提出的主张，有责任提供证据。与争议事项有关的证据属于用人单位掌握管理的，用人单位应当提供；用人单位不提供的，应当承担不利后果。"

如果没有将"工资面议"结果写入劳动合同，就意味着当双方就工资标准发生争议时，只能依靠证据来解决。如果主张高工资的劳动者一方不能提供证据，也不能证明相关证据由用人单位掌握管理，自然面临承担不利后果的风险。

2. 暗示待遇丰厚，当心是个"鱼饵"

一家公司发布网络招聘启事，称有多个岗位招人，这些岗位都是"工资面议"。身处另一城市的方女士看见招聘启事，认为其中一个职位很适合自己，在与公司电话沟通时，公司也表达了要录用她的意愿，并暗示该职位待遇丰厚，但需要面谈。可当方女士前往当地与公司签订劳动合同时才得知，该公司能给的月工资只有当地同行业平均工资的80%。方女士不愿接受，最终无功而返。

这里的"工资面议"，是用人单位给求职者制造悬念的一种手段。《劳动合同法》第八条规定："用人单位招用劳动者时，应当如实告知劳动者工作内容、工作条件、工作地点、职业危害、安全生产状况、劳动报酬，以及劳动者要求了解的其他情况……"

该案例中的公司笼统地以"工资面议"取代如实告知劳动报酬，甚至以暗示待遇丰厚的方式诱骗应聘者，无疑是对自己法定义务的违反。同时，公司在明知自己侵犯应聘者知情权的花招会给不明真相的应聘者造成损失的情况下，仍听之任之，明显存在过错。《民法典》第一千一百六十五条规定："行为人因过错侵害他人民事权益造成损害的，应当承担侵权责任。"因此，方女士有权要求公司赔偿自己前来签约的损失。

3. 模糊工资标准，当心待遇降低

高女士与一家公司在签订劳动合同时"面议"了工资，双方谈出的结果是，月工资为当地规定的最低工资标准1720元，"干得好可以加薪"，最多可加到7500元。高女士入职后尽心尽力工作了一个月，却只拿到1720元。面对高女士的质疑，公司答复说，之所以按1720元发放，是因为高女士没有达到"干得好"的标准。但对什么情况属于"干得好"，公司却拒绝解释。

该案例中，公司所谓"干得好可以加薪"中所指的"好"只是一个模糊的概念，在没有明确标准、条件的情况下，等于没有约定或者约定不明。因此，应聘者为了日后免被用人单位"算计"，应当事先要求明确"好"的标准、"可以加薪"的具体条件，并写入劳动合同。

如果已经陷入僵局且付出了劳动，劳动者也并非只能自认倒霉，可以依据《劳动合同法》第十一条的规定处理。该法条规定："用人单位未在用工的同时订立书面劳动合同，与劳动者约定的劳动报酬不明确的，新招用的劳动者的劳动报酬按照集体合同规定的标准执行；没有集体合同或者集体合同未规定的，实行同工同酬。"劳动者可以要求参照同岗位其他人员的工资标准和绩效标准计发自己的工资。

# 项目 7　提升职业素养与能力

> 君子之守，修其身而天下平。
>
> ——《孟子》

**项目要求：**
了解职业素养及其构成，努力提升自我职业素养；
了解职业能力及其构成，通过提升自身"软"技能，拓展专业"硬"技能；
了解大学生求职心态及主要误区，树立良好的择业心态。

## 任务 7-1　提升职业素养

### 任务目标

找到自己的闪光点，提升自己的职业素养。

### 任务要求

你是否对自己有清晰的认识？你是否认可现在的自己？你如何看待自己的过错？又如何庆祝自己的成功？如果让你给自己打分，你将会如何评价？

### 任务实施

请根据表 7-1 的内容进行自我评价，"是"填 1，"否"填 0。

表 7-1　提升自信的方法

| 项目 | 是 | 否 |
| --- | --- | --- |
| 1. 自己认同自己 | | |
| 2. 成为解决问题的能手 | | |
| 3. 积极理解每一件事 | | |

(续)

| 项目 | 是 | 否 |
|---|---|---|
| 4. 该受指责时才受指责 | | |
| 5. 学会独立思考，独立处事 | | |
| 6. 笑对一切批评 | | |
| 7. 相信自己的想法是完美的 | | |
| 8. 坚决拒绝没有来由的痛苦 | | |
| 9. 不与他人攀比 | | |
| 10. 完美主义并非真正的完美 | | |
| 11. 每一天都 100% 积极 | | |
| 12. 为明确的理想而奋斗 | | |
| 13. 现在请无条件接受自己 | | |
| 14. 马上停止自责 | | |
| 15. 坦然面对失误 | | |
| 16. 变快乐为一种习惯 | | |
| 17. 注意积极反馈 | | |
| 18. 关注自己的真实品质与成功 | | |
| 19. 笑对恶语中伤 | | |
| 20. 原谅自己所犯的错误 | | |
| 合计 | | |

## 知识平台

一滴水能折射太阳的光辉，一个职业素养高的人能在激烈的市场竞争中取胜。企业不仅看重学校名声、学历和专业，更看重毕业生的综合素养和能力，只有具备较高的职业素养，才有能力胜任工作。

作为在校大学生，要充分利用校内外各种资源来修炼自己，使自己具备一名优秀职业人必备的职业素养。

### 一、职业素养

"素养"意为修习涵养，出自《汉书·李寻传》中的"马不伏历，不可以趋道；士不素养，不可以重国"。素养是完成某种活动所必需的基本条件，是驱动员工产生优秀工作绩效的各种个性特征的集合，包含职业道德、职业技能、职业行为、职业作风和职业意识等方面。

职业素养是人类在职业活动中需要遵守的行为规范，是职业内的要求，体现出一个社会人在职场中成功的素养及智慧。职业素养具体量化表现为职商（Career Quotient，CQ）。

如果说一个人的职业能力和素养是一座冰山的话，那浮在水面以上的则代表他的经验、知识、技能以及职业活动中的各种表现；而隐藏在水面之下的则是职业素养，代表一个人的职业意识、职业道德、职业行为习惯和职业态度等，是看不见的、隐性的。前者是后者的表象，后者是前者的基础。职业素养支撑着人们的职业技能以及在各种职业活动中的表现，职业素养是职场表现得更为根本性因素，是人们职业生涯得以不断发展的重要保障，是职业生涯成败的关键因素，详见图7-1和表7-2。

图7-1 冰山模型

表7-2 冰山模型的素养层级和内涵

| 素养层级 | 内涵 | 举例 |
| --- | --- | --- |
| 基本知识 | 个人在某一特定领域拥有的事实型与经验型信息 | 如管理知识、财务知识、文学知识 |
| 基本技能 | 结构化地运用知识完成某项工作的能力，即对某特定领域所需技术与知识的掌握情况 | 如表达能力、组织能力、决策能力、学习能力等 |
| 角色定位 | 个人基于态度和价值观的行为方式与风格 | 如管理者、专家、教师 |
| 价值观 | 个人对事物是非、重要性、必要性等的价值取向 | 如合作精神、献身精神 |
| 品质 | 个性、身体特征对环境和各种信息所表现出来的持续反应。品质可以预测个人在长期无人监督下的工作状态 | 如正直、诚实、责任心 |
| 动机 | 在一个特定领域的自然而持续的想法和偏好（如成就感、亲和力、影响力），它们将驱动、引导和决定一个人的外在行动，动机可以预测个人在长期无人监督下的工作状态 | 如成就需求、人际交往需求 |

很多企业界人士认为，职业素养至少包含两个重要因素：敬业精神及合作态度。敬业精神就是个人在工作中将自己作为公司的一部分，不管做什么工作一定要做到最好，发挥出实力，对于一些细小的错误一定要及时地更正。敬业不仅仅是吃苦耐劳，更重要

的是"用心"去做好公司分配的每一份工作。态度是职业素养的核心，好的态度，如负责任、积极、自信、建设性、欣赏、乐于助人等都是获取成功的关键因素。

## 二、职业素养的构成

职业素养是特定的人群在一定科学文化知识的基础上，在一定人文知识、科学知识、职业技能、职业活动的领悟力、生产服务流程、工艺原理、行业规章、职业理想、职业道德等方面所进行的勤奋学习与涵养锻炼的功夫，以及在所有这些方面已达到的水平。一般来说，职业素养可以划分为职业道德、职业态度、职业意识、职业行为习惯四个方面。

### （一）职业道德

职业道德，就是人们在进行职业活动过程中一切符合职业要求的心理意识、行为准则和行为规范的总和。它是一种内在的、非强制性的约束机制，是用来调整职业个人、职业主体和社会成员之间的关系的行为准则和行为规范。职业道德是一种受社会普遍认可的职业规范，各行各业的职业道德也有共同之处，其中最重要的是爱岗敬业、诚实守信、高度的责任感。

1. 爱岗敬业

爱岗敬业通俗地说就是"干一行爱一行"，它是人类社会所有职业道德的一条核心规范，是职业道德的基础，也是社会主义职业道德所倡导的首要规范。它要求从业者既要热爱自己所从事的职业，又要以恭敬的态度对待自己的工作岗位。爱岗敬业是职责，也是成才的内在要求。所谓"爱岗"，就是热爱自己的本职工作，并为做好本职工作尽心尽力。爱岗是对人们从事各种岗位的一种普遍要求，即要求职业工作者以正确的态度对待各种职业劳动，努力培养热爱自己所从事工作的幸福感、荣誉感。所谓"敬业"，是爱岗的升华，就是用一种恭敬严肃的态度来对待自己的职业。任何时候用人单位都会倾向于选择那些既有真才实学又踏踏实实工作、持良好态度工作的人。这就要求从业者养成干一行、爱一行、钻一行的职业精神，专心致志做好工作，从而实现敬业的深层次含义，并在平凡的岗位上创造出不平凡的业绩。一个人如果看不起本职岗位，心浮气躁，好高骛远，就会违背职业道德规范，从而失去自身发展的机遇。

2. 诚实守信

诚实守信不仅是人和人交往中必须遵循的一条准则，也是社会主义职业道德的一条重要规范。"诚实守信"一词中的"诚"，有"真心、不虚伪"之意；而"信"，有"讲信用"等意，二者为近义词。"诚实"就是实事求是地待人做事，不弄虚作假。诚实守信中首要的是诚实无欺，就是要求各行各业的劳动者在职业活动中要讲实话，做实事，反对任何形式的欺诈活动和行为。我国自古以来就把"老少无欺""诚实无欺""一诺千金"作为商业活动的基本道德要求。社会主义职业活动更应该以诚相待，这是由社会主义职业活动本质所决定的。"守信"要求讲信誉、重信誉、信守诺言。市场经济从某种意义上讲，是信誉经济。信誉取得来之不易，它往往是长期努力的结果，其实质是职工集体职业道德的结晶。因此，人们在职业活动中都十分珍视信誉，并将其看作一种无形资产。

3. 高度的责任感

责任感是指个人对自己和他人、对家庭和集体、对国家和社会所负责任的认识、情感和信念，以及与之相应的遵守规范、承担责任和履行义务的自觉态度。责任感是职业道德的核心，是健全人格的基础，是能力发展的催化剂，是一个职业人必备的素养。高度的责任感能使人对工作、对生活、对他人、对自己表现出热忱和活力。

## （二）职业态度

职业态度是指个人对所从事的职业所持的观念和态度，主要是指从业人员对自己所从事职业的看法以及所表现出的行为举止。就其本质而言，职业态度就是劳动态度，它是从业人员对社会、对其他社会成员履行职业义务的基础。

1. 勤奋努力

一个人的进取与成才，环境、机遇、天赋、学识等外部因素固然重要，但更重要的是自身的勤奋与努力。在这个高效率的社会，勤奋依然是职场人走向成功必不可少的职业素养。

2. 积极主动

积极主动的人，总是在工作中付出双倍甚至更多的智慧、热情、信仰、想象和创造力；而消极被动的人，却将这些深深地埋藏起来，他们有的只是逃避、指责和抱怨。机会只青睐有准备的人，而有准备的人往往是积极主动的人。一个人只有经常保持积极主动的工作状态，才能将个人的发展机会置于挑战和争取的过程中，使自己获得更多的回馈。

3. 自信自立

自信是一种需要积淀和培养的品质。当成功地做完一件事情时，你的信心就会增强一点，成功的喜悦会使你渴求更大、更辉煌的成功。现代社会竞争越来越激烈，对任何一个人来说，自信都是最重要的东西，它是人们从事任何事业最可靠的资本。自信能帮助人们排除各种障碍、克服种种困难，从而在职场更具魅力。中国有句老话，"自己动手，丰衣足食"。在工作和生活中，也要坚持自立，即使在接受别人帮助的同时也必须充分发挥自己的主观能动性。

## （三）职业意识

职业意识是指从业者在特定的社会环境下和职业氛围中，在培训和任职实践中形成的与从事职业密切相关的思想和观念，它是人们对职业劳动的认识、评价、情感和态度等心理成分的综合反映，是支配和调控全部职业行为和职业活动的调节器。职业意识包括协作意识、竞争意识、创新意识和奉献意识等。

1. 协作意识

拥有协作意识，才能把自己融入一个和谐的工作环境，进而转化成工作的高效率，从而获得工作的成功。职业活动中不仅需要竞争，还需要主动合作精神，竞争与协作相伴而生。实践证明，一个人的职业活动，总是与一定的职业群体相联系，离不开同行业的支持与协作。特别是在生产力高速发展的今天，职业分工越来越细，劳动过程更趋专业化、社会化，需要加强联合。产业间相互依托、相互制约、相互促进的发展趋势，也要求一个单位内部部门之间、员工之间必须团队协作。

2. 竞争意识

竞争是社会发展的动力，只有存在竞争，社会才能不断地自我更新，发挥潜力；只有重视竞争，我们才能不断前进。而整个社会的竞争意识又源于个体的竞争意识。我们需增强竞争意识，懂得竞争的含义，更应懂得竞争所需具备的素质。首先，公平公正的竞争意识比竞争本身更加重要。其次，竞争以知识技能为基础，在加强自身专业技能的基础上，参加多种多样的专业技能竞赛，不失为增强大学生竞争意识的途径之一。

3. 创新意识

创新意识是一个民族进步的灵魂，也是国家兴旺发达的不竭动力。创新其实是一种综合能力，它要求具有强烈的创造力、敏锐的观察力、准确的记忆力和良好的思维力，要求从传统的中庸观念中解脱出来，对新思想持开放态度，积极思考尚未经检验的假设。创新意识的培养需要深厚的知识积淀，需要用科学的方法进行思考。作为在校大学生，我们应特别注意科学思维、发散性思维方法的训练，善于运用逆向思维和侧向思维等方法思考问题。

4. 奉献意识

奉献是一种只付出不求任何回报、不计个人得失的精神和理念，是一种真诚自愿的付出行为。奉献精神是一种能鼓舞和激励人们奋发向上的巨大力量。每一个社会中的个体，通过工作创造的价值一部分用于支付个人的社会需要，一部分用于国家的整体建设。因此，努力工作也是对社会、对国家的奉献。奉献意识就是在实现个人价值的同时，创造社会价值。奉献意识的培养不仅在于理论的学习，更应融入大学生人生观、价值观的培养。

### （四）职业行为习惯

职业行为习惯是职业素养的外在表现形式，是在工作过程中不断学习、改变和提升而最终形成的一种行为习惯。

对于企业来说，虽然不可能拥有职业素养完美的人，但如果一个人连基本的职业素养要求都达不到，比如对企业的忠诚度不够，那么其职业技能越高，隐含的危险也就越大。职业素养和能力的关系如图7-2所示。

图 7-2 职业素养和能力的关系图

"人裁"指无德无能的人，既对企业没有良好的忠诚度，又没有能力。这种类型的人在任何企业都不会受到欢迎。"人材"指对企业忠诚度高，但是职业能力不够的人。这种类型的人是公司考虑培养的人，虽然目前能力不够，但是可以进行培训雕琢，可塑性强。"人才"指具有真才实学、拥有较高文化素养与知识技能的人，但是对企业的忠诚度不太高。因此企业虽然看重他们的知识技能，但会对他们有限制地进行使用。"人财"指自身能力和对企业的忠诚度都很高的人。此类型的人是各类企业最欢迎的人，能给企业和社会带来财富，促使自身、企业和社会共同进步。

值得注意的是，职业道德信念是职业素养中的核心部分。许多企业特别看重员工爱岗敬业的精神和合作包容的态度。《礼记》中记载到"敬业乐群"，孔子也曾说过"敬事而信"。大学生更应该注重对这两方面的培养，做一个有良好职业道德信念的人。

## 三、提升职业素养的方法

### （一）打造核心竞争力

核心竞争力，就是在一个人的发展过程中，根据自身的特点和特长，长期培育和积淀而成的，符合个人特色并难以被其他人所模仿和替代的一种基础性能力，是一个人在职场中不可被替代的坚实后盾。找出自己的核心优势，打造自己的核心竞争力，是每一个职场人士获得发展的关键。没有核心竞争力，就没有成功；没有核心竞争力，就没有发展；没有核心竞争力，就没有立足的根本。

1. 找到比较优势

在职场找到你的比较优势，就是要在与同事的比较中发现自己独有的特长，从而形成自己在职场的核心竞争力，要认清自己的优势，用足自己的优势。

2. 懂得在关键时候发光

要想从人才济济的公司中脱颖而出，最好的办法莫过于抓住公司最关注的焦点做文章。在这个注重个人品牌建设的时代，你不仅要做一粒金子，而且要做一粒主动发光的聪明金子，懂得在关键时刻发光。

3. 加强学习

要想获得长远发展，最佳的途径莫过于加强学习，为自己的发展投资。

### （二）发扬勤奋精神

"勤能补拙"，在这个高效率的社会，勤奋依然是职场人走向成功必不可少的职业素养。每个人不仅要努力做好本职工作，还要努力思考如何把工作做得更好。这种努力或许不能立刻获利，但经过长期积累对个人的成才、发展都非常有利。例如，每周用一个小时的时间思考改进工作的方法，经过多次的改进之后，相信你的工作效率、工作效益将会大大提高。还要合理安排学习、工作、运动等事项的时间投入，这样才能集中精力完成所要完成的学习和工作任务。

### (三)树立服务意识

越来越多的公司把服务的素质当作所有员工的一项基本素质。服务,最初的理解是为我们的客户提供服务,这里指的是外部客户。随着竞争的加剧,又有了一个内部客户的概念,即组织内部的员工。同事就是客户。所以,在公司中工作,对见到的任何一个人,都必须有服务的意识,因为不论是什么样的工作,都是为客户服务,这个客户不一定是外在的客户,有可能是内部的客户或者是潜在的客户。

### (四)提升自信

自信是一种精神面貌,也是一个人整个人生观与心理状态的展现。一个人自信必须先在内心有一种观念,而且需要毫不松懈地进行自我训练。对自己的不自信往往源于多年的"积怨",甚至是"童年阴影"。要将不自信转化成自信,这并非一朝一夕的事,但只要立刻行动、马上开始,一切消极情绪都不会成为我们职场生涯的大敌。

## 任务评价

完成任务 7-1 的学习之后,请大家从课堂参与、实践内化、价值认同三个维度进行任务评价。注意,表 7-3 采用赋分制,每一项的分值为 0～25 分,请你根据实际的情况为自己赋分。同时,对本学习任务的知识内容进行复盘,将自己的反思与总结写在表 7-3 内。

表 7-3 提升职业素养的任务评价

| | 任务评价点 | 赋分 | 反思与总结 |
|---|---|---|---|
| 课堂参与 | 能积极、认真地完成任务 | | |
| 实践内化 | 了解行业所需的职业素养 | | |
| 价值认同 | 能正确认识职业素养的价值 | | |
| | 通过任务实施,积极学习提升职业素养的方法 | | |
| | 总分 | | |

## 任务 7-2 提高职业能力

### 任务目标

掌握提高职业能力的方法。

### 任务要求

在找工作的过程中,我们往往比较担心被问道,你有什么样的能力可以匹配应聘的岗位?或者你觉得自己哪方面能力比较欠缺?下面我们进行一个"囊中失物"的游戏,与同伴共同解决问题。

### 任务实施

形式:10～15人为一组。
材料:一套有规律的玩具、眼罩。
时间:15分钟

**步骤1** 开始游戏。

(1)教师用袋子装着一套有规律的玩具、眼罩,而后说明游戏规则:我有一套物品,我抽出了一个,而后给了你们一人一个,现在你们通过沟通猜出我拿走的物品的颜色和形状。全过程每人只能问一个问题,比如"这是什么颜色",我就会回答你手里拿着的物品是什么颜色,但如果同时有很多人问我,我就不会回答。全过程自己只能摸自己的物品,不得摸其他人的物品。

(2)每位学员都戴上眼罩,游戏开始。

**步骤2** 游戏结束,进行讨论。

(1)你的感觉如何?开始时你是不是认为这完全没有可能?后来呢?
(2)你认为在解决这一问题的过程中,最大的障碍是什么?
(3)在执行过程中,你对大家沟通表现的评价如何?
(4)你认为还有什么改善的方法?

### 知识平台

毕业生求职过程中,企业首先看中的是个人能力,这是一种"以能力为本位"的综合素质,这种综合素质不仅包括知识的积累,还包括对良好职业心态和工作技能的要求。因此大学生在校期间应着重培养专业能力和通用能力,并尽快付诸努力培养个人的核心竞争力。

## 一、职业能力的含义

能力的含义很广泛,广义上的能力有工作能力、运动能力、认识能力,还有经济能力、心理承受能力和消费能力等。我们要讨论的是狭义上的能力。

### (一)职业特定能力

职业特定能力是指每一种职业自身特有的能力,这种能力只适用于这个职业和工作岗位,其适应面很窄,但有一个职业就有一个特定的能力。我国《国家职业分类大典》划分有1600多个职业,也就有1600多种职业特定能力。

### (二)行业通用能力

行业通用能力是以社会各大类行业为基础,从一般职业活动中抽象出来的可通用的基本能力,其适应面较宽,可适用于这个行业内的各个职业或工种。行业通用能力约300种。

### (三)职业核心能力

职业核心能力是指从所有职业活动中抽象出来的一种基本能力,普通化是其最主要的特点,可适用于所有行业的所有职业。职业核心能力共8种:交流表达、数字运算、革新创新、自我提高、与人合作、解决问题、信息处理、外语应用。

从职业能力的技术层面来分析,每一个职业在工作现场直接表现出来的是职业特定能力,因而它是显性的;在技术和专业上支持这个特定能力的是行业通用能力,在职业活动中我们一般看不到它;而职业核心能力则是上述能力形成和应用的条件,所以,职业核心能力应当处在最底层,是承载其他能力的基础,相比而言它是隐性的。

从职业能力模块的角度来分析,在职业能力结构中,三个层次的职业能力模块不是自成体系,而是内含在每一个职业活动之中。也就是说,每一个职业能力模块的组成,其主要成分首先是自身的特定能力模块,其次是可与其他职业通用的基本能力模块,最后就是与所有职业基本要求相一致的核心能力模块。

## 二、职业能力的构成

职业能力可以分为软技能和硬技能。

### (一)软技能

软技能是指求职者除去应聘某职位的专业知识或技能外,能为企业带来额外附加利益的其他能力。对于大学生而言,软技能既包含思想道德素质、文化素质和身体心理素质,又包含交流表达、数字运算、革新创新、自我提高、与人合作、解决问题、信息处理、外语应用等核心能力,是一种可以迁移的素质与能力。基础性、普适性与非职业性是大学生软技能的最主要特点。职业能力三个层次中的职业核心能力是指从事任何职业都需要的一种综合职业素质,或者说是超出某一具体职业技能和知识范畴的能力,因此,职业核心能力属于软技能。

### (二)硬技能

硬技能是指求职者在某领域从事工作或进行研究时,本身应当具备的必要能力。因此,从职业能力的三个层次来看,职业特定能力与行业通用能力可以规划为硬技能。比如,电子工程、计算机、软件、土木建筑等理工科学生的理论知识和实践动手能力。很多公司在专业面试的时候对求职者专业知识的掌握和应用情况非常看重。

## 三、六大行业的人才需求重点

在表 7-4 中，列举了六大行业在招聘中的人才需求重点。

表 7-4　六大行业的人才需求重点

| 行业类别 | 人才需求重点 |
| --- | --- |
| 房地产行业 | 专业能力、求职意愿<br>要求：抗压能力、组织协调能力、逻辑分析能力、沟通表达能力、应变能力 |
| 机械制造行业 | 专业能力、求职动机、工作适应性、个人素质<br>要求：学习能力、团队合作能力、沟通表达能力、逻辑思维能力 |
| 计算机及互联网行业 | 专业能力、求职意愿、求职动机<br>要求：学习创新能力、团队协作能力、逻辑思维能力、沟通表达能力 |
| 金融行业 | 举止仪表、专业能力、人格品质、发展潜力和职业稳定性<br>要求：抗压能力、逻辑思维能力、沟通表达能力、组织协调能力 |
| 消费品行业 | 与企业文化的匹配度<br>要求：服务意识、解决问题能力、灵活应变能力、积极勤奋 |
| 生物制药行业 | 专业匹配度<br>要求：学习能力、沟通能力、灵活应变能力 |

资料来源：北森云计算公司。

## 四、职业能力的提升方法

为了提升就业竞争力，我们要在现在的大学阶段及以后的职业生涯中勤奋踏实地学习各种知识，培养各种软技能，提升各种硬技能，不断适应变动的劳动力市场对于人才的需求，为自身和社会创造出更多的价值。

### （一）软技能提升方法

1. 锻炼社会适应能力

社会适应能力是提升职业能力的要素。由于运行规则的差异，学校和社会之间存在环境的隔离，大学生对社会的看法趋于简单化、片面化和理想化。刚毕业的大学生缺乏工作经历和生活经验，角色转换慢，适应过程长。因此企业在挑选和录用应届毕业生时，往往优先考虑那些曾经参加过社会实践、具有一定组织管理能力的毕业生。大学生只有注意培养自己适应社会的能力，走向社会后才能缩短自己的适应期，充分发挥自己的聪明才智。大学生积极地适应社会，就是要正确地分析自身的特点及环境的特点，从对这两者的分析中找到自己的生长点。

2. 提升人际沟通能力

人际沟通能力是求职择业中不可或缺的基本能力，它包罗了从穿衣打扮到言谈举止等诸多行为能力。一个具有良好沟通能力的人可以充分发挥自己所拥有的专业知识及专业能力，并能给对方留下"我很棒""我能行"的印象。倾听是必要的沟通环节，要用心去听，保持一颗开放的心静听，态度一定要诚恳，鼓励别人发表自己的意见。最常见的沟通障碍是别人谈话时，急于表达自己的看法；与别人谈话时，思考其他事情；习惯性地打断别人的谈话；对自己喜欢的话题感兴趣，对自己不感兴趣的内容则表现出无所谓的样子；把重点放在结论上，而忽视了过程和细节。沟通还需要态度和肢体语言，包括精神、语调、语气等。要善于用真诚的心去理解和了解他人。要锻炼良好的沟通能力，还需要不断地提升自我心理素质和修养。

### 3. 培养团队合作能力

沟通能力、表达能力、团队协作能力等软技能对于团队业绩的提升极为重要。大学生要积极参与到社会竞争中去，在活动中学会关心他人、善待他人，学会调节自己及他人的情绪，增强合作精神，为在未来社会的交往中保持良好的人际关系打下基础。那么，如何培养自己的团队合作能力呢？积极参与学校、班级各类团队活动，如体育比赛、文艺晚会、演讲比赛、各种学习竞赛、郊游活动、参观企业等。多参加竞争性活动，在竞争中学习如何正确对待成败，如何支持伙伴和取得伙伴的支持，以及如何在团队中发挥自己的作用。另外，可以在课堂教学、课外培训中学一些社交方面的技能和技巧。

### 4. 锻炼组织管理能力

我们注意到这样的现象，大学毕业生中的学生党员和学生干部常是用人单位的首选对象，其重要原因就是用人单位看重该类毕业生的组织管理能力。在大学阶段培养自己的组织管理能力应注意以下几点。首先，要努力抓住一切机会锻炼自己，因为任何一个职位都可能使你的组织管理能力得到一定程度的锻炼。其次，要注意向别人学习。最后，应当积极选修一些有关管理学的相关课程，提高组织管理方面的理论水平。平时多阅读一些诸如组织行为、领导艺术、企业管理等方面的书籍，拓宽自己的视野，加深自己对管理学基本原理的理解。

### 5. 掌握时间管理能力

我们常常感叹时间过得太快，来不及学习，来不及复习，来不及准备，但转眼又到毕业季，就会变得慌忙。有些同学没有主动做计划的习惯，做起事情来没头绪；有些同学做了计划，但执行力差，目标立了一个又一个，就是执行不起来。为了解决这些问题，我们需要了解时间管理的一些理论和方法。

管理学家史蒂芬·柯维（Stephen Covey）提出了一个非常著名的时间管理理论——四象限法则。他将工作按照重要和紧急两个维度进行划分，分为四个象限：第一象限是重要且紧急的事情，第二象限是重要但不紧急的事情，第三象限是不重要不紧急的事情，第四象限是不重要但紧急的事情。(见图7-3)

四象限法则可以帮助大家学会处理好重要且紧急的事情，坚持做好重要但不紧急的事情，请人帮忙做好不重要但紧急的事情，放弃不重要不紧急的事情，从而在有限的时间内变得更加高效。

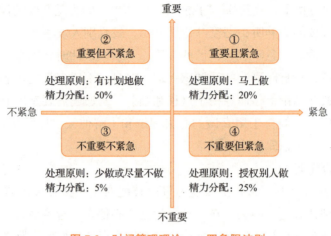

图 7-3　时间管理理论——四象限法则

### （二）硬技能提升方法

**1. 在课堂学习中增强专业能力**

1）掌握专业知识与技能。在校学习期间，要做好知识、技能的储备，掌握专业知识，并注意拓展与职业相关的其他专业知识，注重培养过硬的专业技能。在专业知识的学习中，要特别注重培养刻苦钻研的学习态度。

2）学会学习。在如今科学技术日新月异、知识量急剧增加的时代，自学能力是一切能力之母，是"原能力"。一个只是满足于自己过去已有知识的人，会沦为"功能性文盲"。为了避免自己沦为"功能性文盲"，就要做一个"学会学习的人"，活到老，学到老，及时给自己"充电"。

3）加强身体锻炼和心理素质的训练。"身体是革命的本钱"，只有以健康的体魄作为基础，将来才可以在工作中大刀阔斧，勇往直前；而良好的心理素质，特别是良好的社会适应能力、自我情绪控制力，对未来职业生涯的成功也是必不可少的。

**2. 在职业实践中提高专业能力**

实践出真知。在就业实习、职业实践中学习是提升大学生职业能力的主要方式之一，甚至可以从"门外汉"迅速成长为"合格的专业人士"。陆游曾说过："纸上得来终觉浅，绝知此事要躬行。"工作本身是获取知识的重要渠道，许多知识、技能、经验都只有通过实际工作才能获取。

1）要向同行中的专家、老师学习。会者为师，从别人的经验教训中汲取营养是速成的捷径。

2）注重自我学习。在实习岗位或工作岗位上做一个有心人，注意观察问题，发现问题，并善于寻求解决问题的方法，通过不断学习，不断地解决问题，使自己的工作能力得到提高。

**3. 在生活实践中提高专业能力**

社会本身就是一个开放的大课堂，在生活实践中，一个人的专业能力随时随地都能获得提升,"世事洞明皆学问,人情练达即文章"。在生活中做一个有心人,就可以在看似不经意间提升自己的专业能力。

## 任务评价

完成任务 7-2 的学习之后,请大家从课堂参与、实践内化、价值认同三个维度进行任务评价。注意,表 7-5 采用赋分制,每一项的分值为 0~25 分,请你根据实际的情况为自己赋分。同时,对本学习任务的知识内容进行复盘,将自己的反思与总结写在表 7-5 中。

表 7-5 提高职业能力的任务评价

|  | 任务评价点 | 赋分 | 反思与总结 |
| --- | --- | --- | --- |
| 课堂参与 | 能积极、认真地完成任务 |  |  |
| 实践内化 | 熟悉行业所需的职业能力 |  |  |
|  | 积极学习提升职业能力的办法 |  |  |
| 价值认同 | 能正确认识职业能力的价值 |  |  |
|  | 总分 |  |  |

# 任务 7-3 调整择业心态

## 任务目标

掌握调整择业心态的方法,做好充分的就业准备。

## 任务要求

树立良好的求职心态对求职择业具有十分重要的作用,成功者和失败者的差别在于是否有积极的心态。健康的求职心态是打开就业成功之门必不可少的钥匙。但在生活中,我们又经常会遇到烦心事,扰乱我们的计划,破坏我们的情绪。请以小组形式分享各自的心态调整方法。

## 任务实施

**步骤 1** 请回顾近期发生的事,有没有遇到心态瓦解或者受影响的时候,记录一二,填入表 7-6。

表 7-6  影响我情绪和心态的事件

| 序号 | 事件描述 | 当时心态 |
| --- | --- | --- |
| 1 | | |
| 2 | | |

**步骤 2**  小组内分享各自的心态调整方法，比较这些调整方法的优点。

## 知识平台

### 一、择业心态

心态是指基于对事物发展的反应和理解，表现出的不同思想状态和观点。世间万事万物，你至少可用两种观念去看待，一种是正面的、积极的，另一种是负面的、消极的。如何理解这一正一反的内涵，取决于心态。积极心态就是当面对问题、困难、挫折、挑战和责任时，能够从正面去想，积极采取行动。积极心态是一种主动的生活态度，对任何事都有足够的控制能力，反映了一个人的胸襟、魄力。

择业心态是指大学生在求职前后表现出来的与职业目标定位、求职过程遭遇等相关的心理状态。积极的择业心态能帮助毕业生正确地认识自我、分析自我，根据自己的实际情况和社会客观环境，进行合理的定位，理智地确定自己的职业目标，避免盲目择业。积极的择业心态、充分的心理准备能够让大学生在求职过程中积极乐观，不断克服各种困难和挫折，充分发挥自己的优势和长处，扬长避短，最终实现自己的求职目标。

大学生在就业的过程当中，一定要调整好自己的心态，不要盲目与他人进行攀比，工作的好坏并不能单纯以工资的高低或工种的不同来评判。对大学生来说，能在工作岗位中实现个人价值，并且能为企业和社会创造价值，这就是适合自己的好工作。

### 二、常见的心态误区

**1. 眼高手低**

不少大学生都有高远的个人理想与职业目标，不屑于去做基础性工作，觉得自己的能力远高于此。长此以往，就会缺乏完成工作的基础能力，不能很好地胜任本职工作，这在很大程度上会影响大学生自身职业发展。在眼高手低心态的驱使下，择业面变窄，会直接导致择业失败。

**2. 自卑**

自卑是一种缺乏自信心的表现。心理学家认为，自卑属于性格上的缺陷，表现为对自己的能力和品质评价过低。在择业问题上，自卑感强的人表现为对自己的优势和潜能缺乏了解，自信心不足，这是大学生很容易产生的消极心理。有的大学生在刚开始工作的时候，由于人际圈子的变化，不能正确处理好与领导同事之间的关系，不知道要如何与工作中遇到的各类人士进行沟通交流，觉得人际交往过于复杂与困难，从而开始封闭自我。

3. 依赖从众

部分大学生在求职时存在着较强的依赖心理，主要表现在三个方面：一是缺乏主动参与和竞争意识，信心和勇气不足，在选择职业时总是听取父母师长之意、师兄师姐之言，缺乏独立行动的能力；二是缺乏择业的主动性。依赖心理严重。他们依靠关系就业，或寄希望于学校的安排，或依靠家长四处奔波，使自己在择业中处于劣势；三是缺乏主见和竞争意识，择业观容易被他人左右，为舆论所左右，不顾自己主观条件和客观现实，随波逐流，一味追求热门单位、热门职业，没有从个人前途、国家需要角度去考虑职业生涯发展。

4. 情绪浮躁

许多大学生在毕业后，由于缺乏社会与工作经验，在就业时会心浮气躁，喜欢和别的同学进行攀比。他们往往以身边同学寻找的就业单位作为标准来定位自己的择业目标，而忽视自我特点，对自我缺乏客观公正的分析。其实大可不必这样，每个人的人生轨迹不一样，只要按照自己制定的职业生涯规划脚踏实地地为之努力奋斗，就一定会有收获。

5. 低抗挫力

刚参加工作的大学生都希望在工作中有好的表现。有的大学生一旦在工作中遇到挫折，就会开始胡思乱想，认为自己什么事情都做不好，灰心丧气，提不起对工作的兴趣，并形成恶性循环。

## 三、求职心态调整

大学生不仅要学习科学文化知识，掌握专业技能，具有强健的体魄和良好的思想道德素质，还应该具备良好的心理素质。对毕业生来说，在择业过程中更需要调整择业心态，做好充分的心理准备，勇敢地迎接挑战。

1. 认清自身优势

毕业生在择业的过程中，要认清自身优势，根据自身的特长去寻找最适合自己的工作，这样才能使自己的人生增值。

2. 合理评价自我

求职过程中，不少大学生都不能对自己进行合理的评价。有的人自我评价过高，认为自己各方面都很优秀，应该受到用人单位的欢迎，导致盲目乐观，难以接受别人的意见和建议。同时，另外一些同学则自我评价过低，认为自己没有优势和长处，觉得自己不如别人，对自己悲观失望，有的甚至丧失了求职的勇气。过高或过低的自我评价都是不合理的。合理的自我评价需要同时看到自己的优势和不足，进行客观的分析。可以通过客观的心理测验、自我分析和内省了解自己的优势和劣势，合理评价自我；也可以借助他人的评价，向师长、父母、朋友了解自己的特点，客观地分析自己。当然，还可以在实践中检验自我，通过以往实践中自己的表现，总结成功的经验，吸取失败的教训。

3. 克服从众心理

从众行为者的意识深处考虑的是自己的行为能否为大众所接受，追寻的是一种安全感。当从众行为者认为群体的模范、他人的行为正确的时候，就会表现出遵从；当认为群体的模范、他人的行为并不合适，而自己又没有勇气反抗时，就会被动地表现为依从。从众心理严重的人容易接受暗示，依赖性强，无主见。克服从众心理需要妥善处理职业经验的借鉴。当生涯规划在执行过程中因为自己的学识认知等出现问题时，可以求助于老师、父母、职业咨询师。但是，我们应该借鉴他们经验中有用的部分，并结合自己的喜好、兴趣、特长，制定出最适合自己的人生轨迹。不管什么人，制定什么样的生涯决策，都不能够生搬硬套。

4. 学会情绪控制

情绪是客观事物与人的需要相互作用产生的一种整合性心理过程。虽然大学生的情绪开始趋于成熟，但是冲动性的特点仍很明显，一些负面情绪对大学生的身心、学习、人际关系甚至人格都会造成危害。习惯了高中紧张生活节奏的大学生往往难以在短时间内适应大学生活，部分同学不能很好地安排课余时间，经常感到郁闷空虚，他们要么浑浑噩噩、虚度光阴，等到毕业时才追悔莫及；要么将自己托付于虚拟世界不能自拔。良好的学习生活氛围有利于学生情绪的稳定，而通过参加各种活动，同学之间加强沟通交流，生活便会变得充实一点，一些不良情绪容易被释放，有利于大学生在活动中认知自我、锻炼自我、提升自我，也在活动中发展自我。此外，大学生可以通过各种途径来了解情绪，学习情绪调节的技巧以缓和、转移情绪，从而提高情绪智力。负面的情绪需要及时释放，如果不及时释放，长期的压抑会导致情绪的崩溃。大学生在遭到负面情绪的困扰时，可以选择适当的情绪宣泄，如选择朋友、老师、咨询专家等进行倾诉；也可以选择离开当时的情境，转移注意力，如听听曲调高雅、旋律优美的音乐，适当参加体育活动、旅游等。

5. 坦然面对挫折

挫折由挫折情境、挫折认知和挫折反应三个因素构成。挫折情境是指人们在追求目标的过程中遇到的无法克服的障碍，如面试失败、求职不顺利等；挫折认知是指个体对挫折情境的认知和评价；挫折反应是指伴随着挫折认知，对挫折情境产生的情绪和行为反应，如焦虑、失望、愤怒、紧张等。我们应该积极地面对挫折。

## 四、心态管理工具——旗帜行动力系统

旗帜行动力系统是一款心态管理工具，该系统分别从目标、心态、时间、学习和行动方面给予具体指导。

1. 目标管理

该系统引导你从"人生蓝图"开始规划未来，将目标进行合理分解，分别设立长期、中期、短期目标，再分解到年度、季度、月度目标，直至形成每周、每日的行动计

划，逐步将远大目标分解并落实到具体行动上。

2. 心态管理

该系统总结了成功人士所需要具备的 8 种心态并给出了阐释。使用者可以通过每天自我总结和反思，用该系统对自己的心态进行评分，系统会自动生成每月、每周的心态动态曲线图，从而帮助使用者更清楚地认识自我，更好地调整自己的心态，培养积极、主动、达成目标的习惯。

3. 时间管理

该系统引导你每周、每天提前设定自己的具体行动计划，并及时进行总结和改进，评估自己的行为效率，时间系统会加以自动提示。

4. 学习管理

该系统引导你将学习资讯平台和自我管理平台相结合使用，反复演练，培养极强的学习能力，以适应千变万化的社会需求。

5. 行动管理

该系统总结出一套符合人们心理、行为的行动规律、行动方法，通过自学、培训及导师辅导，帮你掌握行动方法。

## 任务评价

完成任务 7-3 的学习之后，请大家从课堂参与、实践内化、价值认同三个维度进行任务评价。注意，表 7-7 采用赋分制，每一项的分值为 0～25 分，请你根据实际的情况为自己赋分。同时，对本学习任务的知识内容进行复盘，将自己的反思与总结写在表 7-7 内。

表 7-7　调整择业心态的任务评价

| | 任务评价点 | 赋分 | 反思与总结 |
| --- | --- | --- | --- |
| 课堂参与 | 能积极、认真地完成任务 | | |
| 实践内化 | 了解择业心态的重要性 | | |
| | 积极学习如何避免心态误区 | | |
| 价值认同 | 能正确认识择业心态对职业发展的影响 | | |
| | 总分 | | |

## 课后练习

1. 谈谈你对职业素养的认识。
2. 寻找提高职业能力的方法。
3. 谈谈你对择业心态的认识。
4. 探索自我择业心态，分析自己有哪些优势？又有哪些误区？该怎么调整？

## 应用案例

### 做一个不气馁的青年

进入毕业季找工作的小张同学近期很苦恼,她说:"我对自己有些失望,在做的实习工作不喜欢,喜欢的工作面试不成功。我想留在大城市,凭自己的努力,做自己喜欢的工作,家人又催我回家工作,不要在外受委屈。"

短短的几句话,看得出小张同学是焦虑的,这和之前的她相比很反常。在校期间,小张同学是一名各方面都比较优秀的学生,学习认真,成绩优异,工作积极主动,负责肯干,不计较得失,不求回报,有良好的群众基础,是班级最早入党的同学。毕业前,小张同学对未来充满希望和期待,但进入社会后,发现现实比想象中残酷和无奈。

工作的压力和在校的学习压力不同,解压方式和途径也不一样。通过电话沟通,小张同学觉得自己目前最大的困惑是"为何找一个自己喜欢且能胜任的工作会这么难,而且明明自己专业能力不差"。

为了从困扰中挣脱出来,小张同学重拾自己,制定了"三步走"路线。

首先,她找出在校期间曾做过的较为完善的生涯规划书,重新审视曾经的规划是否都还在进行的过程中,偏差大不大。原来在原本的规划中,就有预想各种失败的情况,且都有针对失败做出的相关调整和应对措施。

其次,调整心态,不急于求成,多做横向比较,纵向学习。横向,看看身边的同学和朋友,是否有可以借鉴的地方,或者有类似的情况;纵向,看看单位的需求和自己的能力,根据需求,弥补不足,继续学习。

最后,针对求职的失利,还有个最重要的解决措施就是提高职业素养,提升求职能力。小张同学积极收集市场信息、全面了解心仪单位、优化简历制作、收拾好失落的心情,做好重新出发的准备。经过整个过程的梳理,小张同学相信自己能够求职成功。

# 项目 8　掌握求职技巧

> 工欲善其事，必先利其器。
> 
> ——《论语·卫灵公》

**项目要求：**
掌握简历制作的要求和方法；
掌握基本的面试技巧；
学会维护自己的就业权益。

## 任务 8-1　制作简历

### 任务目标

掌握简历制作的要求和方法。

### 任务要求

好的简历是求职的敲门砖。下面请进行简历评议，并讨论优秀简历具备哪些特征。

### 任务实施

**步骤 1**　进行分组，5～8 人为一组。
**步骤 2**　每组比较下列两则简历，挑出你认为较好的简历，并说明挑选依据。

简历一：

# 个人简历

照片

**基本信息**

姓名：李**　　　　　　　　　政治面貌：中共党员

电话：150********　　　　　电子邮件：*******@163.com

出生日期：2001　　　　　　 民族：汉族

最高学历：高职　　　　　　 所学专业：室内设计

**主修课程**

室内设计原理、建筑制图、建筑绘图、CAD建筑装饰制图、PS软件、工程测量、大学英语、毛概、中外建筑史、计算机基础等

**社会实践**

2022.08　　　　**装饰公司　　　　市场部业务员

主要负责电话销售，接待客户，引导客户见设计师

2023.01　　　　**甜品店　　　　　甜品师

主要负责店内甜品制作，进行点单收银工作

2023.07　　　　**广告有限公司　　助理

协助整理材料，接见客户，向客户介绍项目

**评价和荣誉**

1.本人待人友好，为人诚实谦虚，工作勤奋，认真负责

2.具有亲和力，平易近人，善于与人沟通，在校担任系设计工作室社长，班级担任文艺委员

3.做事乐观，抗压能力好，专业基础扎实，喜欢市场策划及拓展业务

4.曾获得校创业大赛二等奖、优秀社长、二等奖学金等多项荣誉

简历二：

# 个人简历

|照片|

姓名：张**　　　　　　　　　政治面貌：中共党员
电话：183********　　　　　电子邮件：*********@163.com
求职意向：助理室内设计师

**学习经历**

2017.09-2020.07　　　　** 艺术学院
2020.09-2023.06　　　　** 职业技术学院　室内设计方向

主修课程：
软件类（PS 计算机美术设计、CAD 建筑装饰制图、3DMAX 软件）
理论知识（中外建筑风格分析、设计色彩、室内设计原理、空间展示设计等）

**技能证书**

室内设计员证书、计算机一级证书

**社会实践**

2020.07-2020.09　　　　　　杭州 *** 装饰设计公司　　　　　　实习生
　　　接触了解基本的设计公司业务流程
　　　帮助处理基本的文字加工
　　　完成设计师交代的其他工作
2021.07-2021.08　　　　　　舟山 **** 广告设计公司　　　　　　助理
　　　成功接待业务客户
　　　辅导设计师完成一项设计图
　　　学会沟通
2021.09-2021.12　　　　　　富阳 **** 室内设计有限公司　　　　设计师助理
　　　开始独立接单完成设计图初稿

**所获荣誉**

第十二届多媒体大赛二等奖、第三届校公寓文化节微设计一等奖
平面工作室优秀社长荣誉称号

**自我评价**

1. 自学能力较强，重视实践。强调动手能力，学习本专业之余，自学平面设计方面的一些软件
2. 识大局，有团队意识，曾主要负责组织全院设计 ** 比赛
3. 乐观开朗，有轻微强迫症，追求完美，每次都要求设计图尽量完美

**步骤3** 小组讨论，然后在下方区域内写出一份简历应该包括哪些内容，一份好的简历应该达到怎样的要求。

### 知识平台

## 一、简历的基本内容

简历是一个人生活、学习、工作的经历和成绩的概括集锦。其真正目的是让用人单位全面了解求职者，从而为求职者创造面试的机会。简历是用人单位对求职者的第一印象，是用人单位对求职者进行分析、比较、筛选，决定是否录用其的主要依据。从简历可以看出求职者在能力、性格、经验方面的综合表现。通常情况下，用人单位都是通过简历决定求职者能否参加进一步的面试。

1. 个人基本情况

简历中提供哪些信息是由求职者自己决定的，但有些信息是必不可少的，如姓名、出生年月、性别、联系方式（电话号码和电子邮箱）等。

2. 教育背景

教育背景包括毕业院校、所学专业、学历、学位、所学的主要课程（把重点放在与申请的工作有关系的课程上）等情况。

3. 求职意向

求职意向包括向往职业的地域、行业、岗位等方面的意向。

4. 本人经历

本人经历主要是指大学以来的简单经历，包括学习、社会职务或活动、义务性工作（志愿者）、社会性工作、社会实践，以及在这些工作中用到的工作技能等。

5. 知识、技能

这部分主要包括知识结构、技能优势、外语和计算机水平及其他技能证书等。

6. 个人特长及所获荣誉

这部分包括个人兴趣、特长，在校获得的荣誉（如三好学生、优秀团员、优秀学生干部），以及参加各种竞赛所获奖项等。

7. 自我评价

自我评价主要是总结自己良好的个性品质，如学习能力、沟通能力、解决问题的能力、适应能力、好奇心或创新能力、团队合作精神、积极的工作态度、责任心、敬业精神等。

## 二、简历的形式

从形式上划分，简历可分为七种：完全表格式简历、半文章式简历、小册子式简历、提要式（节略式）简历、时间顺序（按年月顺序）式简历、功能式简历及创造式简历。当然，这些形式互相之间可交叉重叠。下面就每种简历形式的主要特点做简单介绍，七种简历的介绍见表8-1。

表8-1　七种简历的介绍

| 类别 | 优点 | 适用范围 |
| --- | --- | --- |
| 完全表格式简历 | 综述了多种资料，易于阅读 | 适用于年轻、缺乏工作经验的求职者 |
| 半文章式简历 | 使用几项长资料的记载，表格的数量和文字记载的长度可以变化，以适应求职者的长处 | 适用于经验丰富的求职者 |
| 小册子式简历 | 活页格式简历。一是提供了可表述更多资料的便利工具，二是其封面上容纳了一封专门设计的求职信 | 专业的简历撰写者较喜欢这种格式，因为这种格式能让HR对求职者印象很深 |
| 提要式简历 | 是在完成了一份较长的简历后摘编而成的，可尽可能快地显现出求职者资历的要点 | 适合于经历很丰富的求职者 |
| 时间顺序式简历 | 从最近的时间开始往前列，且这种简历形式多样，可以写成完全表格式简历、半文章式简历、创造式简历 | 适合于想找一份与自己以前从事职业相同种类工作的求职者 |
| 功能式简历 | 突出实际成就 | 适合于严密的时间顺序式简历对求职者不利时 |
| 创造式简历 | 证明求职者富有的创造性并提供了一种创造性想象力的例子 | 适合于艺术界、广告界、宣传界和其他创造性领域的求职者 |

简历无好坏之分，求职者可根据自身的情况与所要应聘的职位，来选择适合自己的简历形式。

## 三、撰写简历的原则

1. 简短

简历不要太长，一般应届毕业生的个人简历有一页A4纸即可。据调查，用人单位花在每份简历上的平均时间不到1.5分钟，甚至更短时间，要想在这短短的时间内迅速抓住招聘者的眼球，简历不做到短小精悍是不行的。

2. 清晰准确

简历应一目了然，确保简历的阅读者一眼就能看到他们需要的信息。要使用简单、清晰易懂的语言，而不要用一些高深莫测的语言，尽量不使用缩略语或学生中流行的时髦词汇。切忌出现错别字，这会直接影响到阅读者对应聘者的印象。招聘人员考查应聘者的文字能力、细心程度等内容就是从简历开始的。

3. 重点突出

简历中的排版很重要。整个页面的设计安排要尽可能条理清晰、重点突出，这是简历展示效果的关键。

4. 选择与应聘岗位相关的支撑信息

在简历中各部分的书写，如成绩、获奖、社会实践，都要围绕与所应聘岗位相关的内容展开，切忌广泛地堆砌材料和事件。重要的信息可以重点阐述，也可用文字格式、颜色加以凸显。

5. 用事实或数据说话

在简历中，切忌天花乱坠地夸赞自己的优点，要学会用数字和具体的事件证明自己所具备的能力，千万不要过分夸大。

6. 真实

撰写简历时既不要夸张（自负），也不要消极地评价自己（过分谦虚），更不能编造。简历一定要用心设计，有些简历一看就知道是抄袭他人的，有些甚至是明显的张冠李戴。

小王的身高是172cm，但他听说很多单位招聘时对身高都有要求，于是就在简历里的"身高"一栏填了"175cm"。参加招聘会的时候，为了使自己的身高显得与简历相符，他特意穿了一双鞋跟比较高的皮鞋。招聘会上某知名企业正在招聘管理人员，待遇也不错，但要求身高在175cm以上。小王递上了自己的简历后，用人单位还专门强调了身高方面的要求，并问他是否确定自己的身高符合要求，为了通过第一关，小王说他绝对符合。招聘人员也比较满意。过了几天，该单位通知他去面试，小王坐汽车颠簸了几个小时来到位于郊区的该单位，结果面试的第一项内容就是测量身高。由于弄虚作假，小王在面试中立马就被淘汰了。

## 四、撰写简历时的常见问题

1）篇幅过长或过短。篇幅过长，显得内容不精练，表达不切题意，会让挑选简历的人失去耐心，从而失去面试的机会；篇幅过短，缺乏必要的信息，使挑选简历的人对求职者认识不全面，也会影响面试机会的获得。

2）条理不清。简历布局不合理，结构层次混乱，逻辑重复，会增加阅读与理解上的困难。

3）目标不明。没有明确的求职方向，也没有表明自己的特长、兴趣爱好等。

4）不切实际。对自己的评价明显不符合实际，太完美无缺，让阅读者产生怀疑；对薪酬待遇提出过高的要求。

5）版面设计不科学。例如，版面过于压缩，将行间距与段间距压缩得太密，字体太小等。

6）错别字及语法错误。在简历中出现错别字，有的甚至出现语法错误或逻辑错误。

7）用一种简历来应聘多种不同的职位。简历太过单一，没有针对不同的职位做出不同的调整。

表 8-2 列出了普通简历与优秀简历的区别。

表 8-2　普通简历与优秀简历的区别

| 区别 | 普通简历 | 优秀简历 |
| --- | --- | --- |
| 校徽 | 大部分有 | 通常没有 |
| 标题 | "简历"或"个人简历" | 自己的名字、应聘职位等 |
| 相片 | 形式花哨，千姿百态 | 实在 |
| 个人信息 | 极为全面，甚至像人口普查，有的则像征婚启事 | 简单，三行文字即可囊括最主要的信息，包括联系地址、电话、邮箱等 |
| 求职目标 | 大部分无 | 有 |
| 教育背景 | 加上很多课程名 | 由近及远地写毕业院校，不写课程名，注明平均成绩及排名 |
| 实习经验 | 较多是一些事情的堆积，没有详细介绍 | 实习经验有主次之分，在一家公司实习的关键事件不超过4项，实习经验都按照STAR法则说明 |
| 项目经历 | 较多是一些事情的堆积，没有轻重之分 | 选择与应聘职位相关的项目经验，严格按照STAR法则填写 |
| 竞赛实践 | 长篇罗列，各种性质的竞赛混在一起 | 选择与应聘岗位相关的竞赛，并选择关键性竞赛做详细描述 |
| 校内工作 | 大篇幅写与工作或实习无关的学校、实践经验 | 简洁明快、清晰自然 |
| 获奖情况 | 罗列较多，没有归纳 | 基本都有，除了描述之外，还有对各种奖项的归纳、分析和交代 |
| 个人技能 | 罗列较多，没有突出自己的独特之处 | 选择性很强，够一定水准才写上去 |
| 性格特点和爱好 | 具体描述，且数量多 | 选择性添加或者不写 |
| 页数 | 2页甚至更多，最后一页不足一半 | 1页，最多2页，都是整页 |
| 低级错误 | 很多，包括错别字、语法、同类型字体不一致等 | 几乎没有 |
| 真实度 | 有一定艺术性的放大 | 不造假，但有表达技巧 |
| 精确度 | 数字敏感性较低 | 一丝不苟，十分讲究 |
| 文字风格 | 平铺直叙，大段描述 | 言简意赅，分点交代 |
| 主观印象 | 杂乱无章，无主次之分 | 精美，条理清晰，主次分明 |

HR 一年之中可能看上万份简历，有的时候在一份简历上花的时间不超过 10 秒钟。STAR 法则是一种常常被 HR 使用的工具，用来收集与面试者工作相关的具体信息和能力。在制作个人简历时，不妨参考 STAR 法则。

## 五、简历的投送方式

简历投送的主要方式有本人直接送达、快件或信函投寄、利用网络投送等。

### 1. 本人直接送达

本人直接送达是指按照用人单位指定的时间将自己的简历直接送达招聘者。采用此种方式能使求职者利用与招聘者初次面谈的机会展示自己，为自己在众多求职者中脱颖而出创造机会。

### 2. 快件或信函投寄

快件或信函投寄是指按照指定的时间、地点将自己的个人简历用快件或信函投寄到用人单位。采用此种方式要求在信函或快件的封面上注明"应聘"字样和应聘职位，字迹要工整清楚。

### 3. 利用网络投送

利用网络投送是指通过电子信箱将个人简历发给用人单位。这种方式省时省力，节约成本，是主要的简历投送方式。求职者最好选择在早上 8 点招聘者上班之前将自己的简历发送到用人单位指定的电子信箱，但注意不要用附件形式发送。虽然以附件形式发送的简历看起来效果更好，但是由于病毒的威胁，越来越多的公司都要求求职者不要用附件发送简历。而且在招聘高峰期，公司每天收到的电子简历足有上百封，招聘者根本没有时间逐一下载细看。

## 任务评价

完成任务 8-1 的学习之后，请大家从课堂参与、实践内化、价值认同三个维度进行任务评价。注意，表 8-3 采用赋分制，每一项的分值为 0～25 分，请你根据实际的情况为自己赋分。同时，对本学习任务的知识内容等进行复盘，将自己的反思与总结写在表 8-3 内。

表 8-3 制作简历的任务评价

| 任务评价点 | | 赋分 | 反思与总结 |
| --- | --- | --- | --- |
| 课堂参与 | 能积极、认真地完成任务 | | |
| 实践内化 | 掌握简历制作的原则 | | |
| | 能够自主思考，制作一份完整的简历 | | |
| 价值认同 | 能正确认识简历的价值 | | |
| 总分 | | | |

## 任务 8-2　准备面试

### 任务目标

掌握面试技巧，为求职做准备。

### 任务要求

接到面试通知后，我们该做哪些准备呢？需要掌握哪些技巧？下面，我们进行分组模拟面试，学习面试的经验和技巧。

### 任务实施

**步骤 1**　将班级同学进行分组，8～10 人为一组。

**步骤 2**　每组 2～3 人模拟面试官，剩余同学为面试者，模拟面试包括自我介绍以及提问环节。

**步骤 3**　面试后，小组里的面试官提供即时反馈，包括优点和改进的建议。

**步骤 4**　每个小组在下方区域内写出并分享他们的经验和学到的技巧，以增进互相学习。

### 知识平台

## 一、面试形式

面试有很多种形式，根据面试的内容与要求，大致可分为以下几种。在实际面试过程中，招聘者可能只采取一种面试形式，也可能同时采用几种面试形式。

1. 问题式面试

按照事先拟订的提纲，由招聘者对求职者在特殊环境中的表现进行考核，判断其解决问题的能力，从而获得有关求职者的第一手资料。

2. 压力式面试

由招聘者有意识地对求职者施加压力，就某一问题或某一事件做一连串的发问，详细具体且追根问底，直至求职者无以对答。此形式主要考查求职者在特殊压力下的反应能力、思维敏捷程度及应变能力。

3. 随意（自由）式面试

招聘者与求职者海阔天空、漫无边际地交谈，气氛轻松活跃，无拘无束。招聘者与求职者自由发表言论，各抒己见。此形式的目的是在闲聊中观察求职者的谈吐举止、知识、能力、气度和风度，对其综合素质进行全方位的考查。

4. 讨论式面试

在讨论式面试中，招聘者往往让多个求职者共同解决一个有趣的问题，类似于集体游戏，它可使求职者更自然地展示自己的性格和能力。此形式重在考查求职者的个人能力和团队合作能力，因此，求职者要把握好个人表现与小组表现的平衡，切忌以自我为中心，做出只顾自己表现而不顾小组其他成员的行为。

5. 情景式面试

由招聘者事先设定一个情景，提出一个问题或一项计划，请求职者进入角色模拟完成，其目的在于考核求职者分析问题、解决问题的能力。

6. 隐蔽式面试

这是一种特殊形式的面试，招聘者主要通过暗中观察求职者的言行举止来决定对其的评价。这种方式因其隐蔽性可以使招聘者获得求职者在自然状态下的真实表现，故受到一些用人单位的欢迎；而毕业生常常因为其隐蔽性而放松警惕，有的甚至在这种面试中失败了也懵然不知。

7. 综合式面试

招聘者通过多种方式考查求职者的综合能力和素质，如用外语与其交谈、要求即时作文或即兴演讲、要求写一段文字，甚至操作计算机等，以考查其外语水平、文字能力、书面及口头表达等各方面的能力。

## 二、面试内容

面试内容是指面试时需要测评的求职者的基本素质。用人单位并不是以面试去测评一个人的所有素质，而是有选择地测评求职者某些方面的素质。面试的主要内容如下。

1. 仪表风度

仪表风度是指求职者的精神状态、衣着举止、气色等。研究表明，仪表端庄，衣着整洁、举止文明的人，一般做事有规律、注意自我约束、责任心强。

2. 专业知识

对专业要求较强的岗位，在面试中，主考官往往会向求职者提些专业方面的问题，以了解求职者掌握专业知识的深度和广度，考查其专业知识是否符合所要录用职位的要求。

3. 实践经验

招聘者一般会根据求职者的个人简历或求职登记表进行相关的提问，查询求职者的相关背景及实习实践经历，以证实其所具有的实践经验。通过对实践经验的了解，还可以考查求职者的责任感、主动性、思维能力、口头表达能力及遇事的理智状况等。

4. 口头表达能力

主要考查面试中求职者是否能将自己的思想、观点顺畅地用语言表达出来。考查的具体内容包括表达的逻辑性、准确性、感染力、音质、音量、音调等。

5. 综合分析能力

主要考查求职者能否对招聘者所提出的问题通过分析抓住本质，并且说理透彻、分析全面、条理清晰。

6. 反应能力与应变能力

主要考查求职者对招聘者所提的问题理解得是否准确贴切，以及回答的迅速性、准确性；对于突发问题的反应是否机智敏捷、回答恰当；对于意外事情的处理是否得当等。

7. 人际交往能力

在面试中，通过询问求职者经常参与哪些社团活动，喜欢同哪种类型的人打交道，在各种社交场合所扮演的角色，可以了解求职者的人际交往倾向和与人相处的技巧。

8. 自我控制能力与情绪稳定性

自我控制能力对于国家公务员及许多其他类型的工作人员（如企业的管理人员）来说显得尤为重要。一方面，在遇到上级批评指责、工作压力大或是个人利益受到损害时，能够克制、容忍、理智地对待，不会因情绪波动而影响工作；另一方面，这类工作要有耐心和韧性，没有稳定的情绪是无法应对的。

9. 工作态度

一是了解求职者对过去学习、工作的态度，二是了解求职者的应聘态度。一般认为，在过去学习或工作中态度不认真，在新的工作岗位上也很难做到勤勤恳恳、认真负责。

10. 上进心与进取心

上进心与进取心强的人，一般都有明确的奋斗目标，并为之而不懈努力。主要表现为积极上进，努力把现有工作做好，工作中常有创新。没有进取心的人一般是安于现状，对什么事都不热心。

11. 求职动机

这是指了解求职者为何希望来本单位工作，对哪类工作最感兴趣，在工作中追求什么，以判断本单位所能提供的职位或工作条件等能否满足其工作要求和期望。

12. 兴趣与爱好

招聘者通过对求职者提一些诸如休闲时间喜欢从事哪些运动，喜欢阅读哪些书籍以及喜欢什么样的电视节目，有什么样的嗜好等问题，来了解其兴趣与爱好，以利于录用后的工作安排。此外，面试时招聘者还会向求职者介绍本单位及拟聘职位的情况与要求，讨论有关工薪、福利等求职者关心的问题，并回答求职者提出的一些问题等。

## 三、面试回答技巧

### (一) 自我介绍

自我介绍时间一般为 3 分钟。在如此短的时间内,求职者该如何"秀"出自己?该说些什么?怎么说?该注意什么?下面介绍一下做自我介绍时应注意的事项:

1. 我是谁

自我介绍的第一步是要让招聘者知道你是谁。你要向招聘者介绍自己的个人履历和专业特长,包括姓名、年龄、籍贯等个人基本信息,教育背景以及与应聘职位密切相关的特长等。生动、形象、个性化地介绍自己的姓名,不仅能够引起招聘者的注意,而且可以使面试的氛围变得轻松。个性化介绍姓名有多种方式,你可以从名字的音、义、形或者从名字的来历进行演绎。例如,从名字的发音来进行演绎:我叫邵飞,谐音"少非",希望生活中能少一点是非;从名字的含义进行演绎:我叫俞非鱼,古语有言,"子非鱼,安知鱼之乐",父母希望我过得像鱼儿一般自在逍遥。

2. 我做过什么

这个部分代表着你的经验和经历,主要介绍与应聘职位密切相关的实践经历,包括参加的校内实践活动经历、实习经历、社会实践等。在这部分你要表达清楚确切的时间、地点、担任职务、工作内容等,这样才能让招聘者觉得真实、可信。尤其需要注意的是,你的经历可能很多,不可能面面俱到,那些与应聘职位无关的内容,即使你引以为荣,也要忍痛舍弃。

3. 我做成过什么

做成过什么,代表着你的能力和水平。在这部分,主要介绍与应聘职位所需能力相关的个人业绩,包括校内活动成果和校外实践成果。介绍个人业绩,就是把自己在不同阶段做成的有代表性的事情介绍清楚。在介绍个人业绩时,需要注意以下方面:第一,业绩要与应聘职务需要的能力紧密相关。例如,你应聘文员,不需要介绍销售业绩。第二,介绍你自己的业绩,而非团队的业绩,因为用人单位要招聘的是你,而不是你的团队。第三,业绩要有量化的数字,要有具体的证据。不要用笼统的"很好""很多",也不要用"约"等概述,要用确切的数字。例如,我一个月成交 3 笔订单。第四,介绍的内容应当有所侧重,不要说流水账,要着重介绍那些能体现自己能力的内容。第五,介绍业绩的具体过程中,要巧妙地埋伏笔。例如,在介绍校外实践成果时,可以这样描述:"在工作中我遇到了很多问题,但是我还是成功地克服并实现了既定目标。"引导招聘者进行提问"遇到了哪些问题呢?"然后你可以进一步详细阐述细节内容,体现自己处理问题的能力。

4. 我想做什么

这个部分代表着你的职业理想,应该介绍自己对应聘职位、行业的看法和理想,包括职业生涯规划、对工作的兴趣与热情、未来的工作蓝图、对行业发展趋势的看法等。在介绍时,还要针对应聘职位合理编排每部分的内容。与应聘职位关系越密切的内容,介绍的次序越靠前,介绍得越详细。在自我介绍时,应避开介绍内容的禁忌——忌讳主动介绍个人爱好,忌讳使用过多的"我"字眼,忌讳头重脚轻,忌讳介绍背景而不介绍自己,忌讳夸口说谎,忌讳介绍得过于简单。通常情况下,每分钟180～200字的语速比较合适。这样的语速可以让对方感到舒服,同时也能更加有效地传递信息,增加招聘者对你的印象分。如果招聘者没有特别强调,那么自我介绍的时间以3分钟为最合适。你也可以根据自我介绍的内容这样分配时间:第一分钟主要介绍自己的姓名、年龄、学历、专业特长、实践经历等;第二分钟主要介绍个人业绩,应届毕业生可着重介绍相关的在校活动和社会实践成果;第三分钟可谈谈对应聘职位的理想和对本行业的看法。当面试官规定自我介绍的时间为1分钟时,你应该怎样应对呢?遇到这种情况,你可以精选事先准备的3分钟自我介绍内容,突出"做成过什么",展现你与应聘职位相关的能力。自我介绍时间表详见表8-4。

表8-4 自我介绍的时间表

| 类型<br>介绍内容 | 3分钟自我介绍时间分配 | 1分钟自我介绍时间分配 |
| --- | --- | --- |
| 我是谁,做过什么 | 1分钟 | 10秒左右 |
| 做成过什么 | 1分钟 | 40秒左右 |
| 想做什么 | 1分钟 | 10秒左右 |

### (二)经典面试问题的回答思路和原则

回答问题时,要尽可能围绕面试问题的提问目的和期望了解的内容去回答,有些求职者担心自己回答内容太少,于是把相关和不相关的信息都罗列出来,这样往往会给招聘者以条理不清晰的感觉,也无法把重要的信息准确明了地传达给招聘者。所以,掌握基本的回答思路和原则是面试成功的重要一环。

1. 回答问题时要适度宣传自己

面试对求职者来说,重要的是学会"推销"自己,让用人单位更多地了解自己的长处,如实地"推销"自己。面试中的"自我推销"必须根据用人单位对所需人才的一般要求,如人品、性格特点、专业特长以及身体条件能否满足工作发展需要等内容,从生活经历中尽可能找出符合用人单位要求的东西,并将其恰到好处地表达出来,给招聘者一个良好的印象。

2. 用"脑袋"而非仅用"嘴巴"回答问题

回答每一个问题都得谨慎,要经过认真思考后再回答。在面试中,有的求职者为了显示自己思维反应比较快,招聘者提问一结束便开口回答问题,似乎事先已知道了面试的问题。其实,这种做法是很不好的,因为招聘者是根据求职者的回答来判断其各方面的素质的,而不是根据回答问题的速度。通常在招聘者问完一个问题后,可以停顿几秒,在这段时间里考虑一下怎么回答问题,怎么有条理地表达出自己的意思。这样可以提高回答问题的质量。

3. 回答问题时要自信，不卑不亢

面试中不卑不亢的态度对求职者尤为重要。有的求职者自恃学历高或工作经验丰富、其他成绩骄人，在面试考场不注意基本的交际礼节，随意打断招聘者的话，并且不遵从考场工作人员的指导，这样的做事风格在面试考场上肯定不会被接受。相反，另外一些求职者过分强调对招聘者的尊重，一味低声下气、唯唯诺诺、小心翼翼。这样被动的应试风格，亦会让招聘者提不起兴趣。

> **实操练习 8-1**
>
> **面试前的准备**
>
> 吴同学今年大学毕业，向几家公司投了简历，其中一家公司通知他参加面试。吴同学非常重视这次面试机会，但是他没有面试的经验，非常着急却不知道应该从哪些方面就此次面试进行准备。请各位同学帮助他一下。
>
> 要求：老师提示后，在班上展开讨论，请同学们说说具体的做法，并说出理由。

## 四、面试时的注意事项

1. 谦虚谨慎

招聘者中不乏专家、学者等专业人士，因此，求职者在回答一些比较有深度的问题时，切忌不懂装懂，不明白的地方就要虚心求教或坦白说不懂，这样才会给用人单位留下诚实的好印象。

2. 机智应变

面试时经常会遇到这种情况：未听清问题，或听清了问题而自己一时不会作答，回答时出现错误或不知怎么回答。这些情况都可能使求职者处于尴尬的境地。避免尴尬的技巧是：对未听清的问题可以请求对方重复一遍或解释一下；一时回答不出的问题可以请求招聘者提下一个问题，等考虑成熟后再回答前一个问题；遇到偶然出现的错误也不必耿耿于怀而打断后面问题的思路。

3. 扬长避短

每个人都有自己的特长和不足，无论是在性格上还是在专业上。因此，在面试时一定要注意扬我所长，避我所短，必要时可以婉转地说明自己的长处和不足，用其他方法加以弥补。

4. 展示潜能

面试的时间通常很短，求职者不可能将自己的才华全部都展示出来，因此，要抓住一切时机，巧妙地展示潜能。例如，应聘会计职位时可以将正在参加计算机专业的业余学习情况"漫不经心"地讲出来，可让对方认为你不仅能熟练地掌握会计业务，而且具有发展会计业务的潜力。要注意的是，展示潜能时要实事求是、简短、自然、巧妙，否则会弄巧成拙。

## 五、面试的禁区

在面试中，尽量避免面试禁区，从而提高成功机会。

1. 语言粗俗

回答问题时，少用一些使人容易产生歧义的语句，忌用俚语和一些口头禅。

2. 说话随便

在谈及和工作相关的问题时，说话内容随便，会使人印象不好。例如，一个求职者在回答问题环节都很好，最后，招聘者拿出电脑，演示了一些作品给他看，并问他"你喜欢玩游戏吗？"该生随口回答："通常在工作疲倦后会玩游戏放松一下。"招聘者一听，脸色马上沉下来，说："工作时间玩游戏的员工，我们不能要。"

3. 回答问题抽象空洞

一般来说，在经过一番面试之后，招聘者就会对求职者有一个初步的印象。此时往往通过各种形式的提问，追寻求职者的底细。当求职者回答得笼统概括时，会让招聘者认为求职者不会具体实施，只会纸上谈兵。

4. 回答问题跑题

在面试中，不是你想回答什么就说什么，而是围绕招聘者的问题回答相关内容，与话题无关的话不要说，要注意别跑题。

5. 其他低级错误

其他低级错误如迟到缺席、举止失当、说话太急、反应迟钝、目光游离、乱套近乎、回答问题时故显完美等。

### 任务评价

完成任务 8-2 的学习之后，请大家从课堂参与、实践内化、价值认同三个维度进行任务评价。注意，表 8-5 采用赋分制，每一项的分值为 0～25 分，请你根据实际的情况为自己赋分。同时，对本学习任务的知识内容等进行复盘，将自己的反思与总结写在表 8-5 内。

表 8-5　准备面试的任务评价

| | 任务评价点 | 赋分 | 反思与总结 |
|---|---|---|---|
| 课堂参与 | 能积极、认真地完成任务 | | |
| 实践内化 | 掌握面试技巧 | | |
| | 熟悉面试的注意点 | | |
| 价值认同 | 能正确认识面试技巧的价值 | | |
| | 总分 | | |

## 任务 8-3  维护就业权益

### 任务目标

了解就业权益。

### 任务要求

劳动者在国家法律允许的范围所实现的就业及其权益受到法律保护。下面,请体验不同情境,分享实际案例,学习如何维护就业权益。

### 任务实施

**步骤 1** 为小组成员分配雇主和员工的角色,进行模拟情境演练。

**步骤 2** 设计不同的情境,例如面试过程中的合同条款、加班安排等,通过角色扮演体验并学习如何应对不同情况。

**步骤 3** 小组分享自己或身边人的经验,讨论在实际工作中遇到的问题和解决方法。

**步骤 4** 在课堂上开展群体讨论,大家在下方区域内写出并分享自己对就业权益保护的看法和策略。

### 知识平台

## 一、劳动争议

劳动争议是指劳动者与用人单位之间,因实现劳动权利和履行劳动义务而发生的纠纷,又称劳动纠纷。

### (一)劳动争议的类别

1. 个人劳动争议和集体劳动争议

个人劳动争议是劳动者个人与其所在用人单位发生的劳动争议。集体劳动争议是劳动者在 30 人以上(含 30 人),并且有共同申诉理由的劳动争议。

### 2. 劳动合同争议和集体合同争议

劳动合同争议是指因确认劳动合同效力和履行劳动合同而发生的争议。集体合同争议是指集体合同当事人对合同的内容、履行情况和不履行后果产生的争议。

### 3. 按劳动争议内容不同进行的分类

因确认劳动关系发生的争议；因订立、履行、变更、解除和终止劳动合同发生的争议；因除名、辞退和离职发生的争议；因工作时间、休息休假、社会保险、福利、培训以及劳动保护发生的争议；因劳动报酬、工伤医疗费、经济补偿或赔偿金等发生的争议；法律法规规定的其他劳动争议。

## （二）解决的途径

### 1. 协商

发生争议后当事人可自行协商解决，但协商解决不是处理劳动争议的必经程序，当事人不愿意协商的，可以申请调解。

### 2. 调解

争议发生后，当事人不愿协商或协商不成功的可以向本单位调解委员会申请调解。调解也不是处理劳动争议的必经程序。

### 3. 仲裁

当事人不愿意调解或调解不成功的，可以向仲裁机构申请劳动争议仲裁。仲裁是处理劳动争议的必经程序，未经仲裁机构做出处理的劳动争议，人民法院不能直接处理。

### 4. 诉讼

《中华人民共和国劳动法》第八十三条规定：劳动争议当事人对仲裁裁决不服的，可以自收到仲裁裁决书之日起十五日内向人民法院提起诉讼。一方当事人在法定期限内不起诉又不履行仲裁裁决的，另一方当事人可以申请人民法院强制执行。

## 二、签订劳动合同的注意事项

### （一）正确行使知情权

《中华人民共和国劳动合同法》第八条规定：用人单位招用劳动者时，应当如实告知劳动者工作内容、工作条件、工作地点、职业危害、安全生产状况、劳动报酬，以及劳动者要求了解的其他情况。

大学毕业生在应聘时有权了解用人单位的基本情况、工作内容、报酬标准等，如果毕业生和用人单位还有其他特别约定，也应在合同中写明。

### （二）劳动合同应当采用书面形式订立

《中华人民共和国劳动合同法》第十条规定：建立劳动关系，应当订立书面劳动合同。已建立劳动关系，未同时订立书面劳动合同的，应当自用工之日起一个月内订立书面劳动合同。

劳动合同可以对劳动内容和法律未尽事宜做出详细、具体的规定。因此，毕业生一定要认真对待劳动合同。如果用人单位不愿意签订劳动合同，毕业生可向当地劳动行政部门投诉，要求纠正用人单位的违法行为。

### （三）劳动合同要约定试用期

毕业生与用人单位签订劳动合同的时间应在试用前，而不是试用合格后。《中华人民共和国劳动合同法》第十九条规定：劳动合同期限三个月以上不满一年的，试用期不得超过一个月；劳动合同期限一年以上不满三年的，试用期不得超过二个月；三年以上固定期限和无固定期限的劳动合同，试用期不得超过六个月。

一些单位为了逃避责任，在试用期内不与毕业生签订劳动合同，试用期满，就找各种借口辞退。用人单位违反规定与劳动者约定试用期的，由劳动行政部门责令改正；违法约定的试用期已经履行的，由用人单位以劳动者试用期满月工资为标准，将已履行的超过法定试用期的时间向劳动者支付赔偿金。

### （四）形式合同

有些单位与毕业生签合同时，事先不经过双方协商，仅从单位利益出发制定不平等条款，即"霸王条款"。如有意延长劳动时间不支付加班工资或限制女性劳动者享受特殊劳动保护的权利等，这些合同大多违反法律法规。合同中凡是与法律法规违背的条款都属于无效条款，可对违法条款不予执行或要求改正。

### （五）口头合同

有的单位不以书面形式订立劳动合同，而是口头约定工资待遇、工时等权利和义务内容。如果发生纠纷，由于没有书面文件证据，双方各执一词，毕业生往往难以辩解，容易吃亏上当。

## 三、劳动合同的解除

劳动合同的解除是指劳动合同当事人在劳动合同期满之前依法提前终止劳动合同，解除双方的权利和义务关系的法律行为。劳动合同的解除分为协商解除、用人单位单方面解除、劳动者单方面解除和自行解除等。

## 四、无效劳动合同

无效劳动合同是指不具有法律效力的合同。《中华人民共和国劳动合同法》第二十六条规定，下列劳动合同无效或部分无效：

（一）以欺诈、胁迫的手段或者乘人之危，使对方在违背真实意思的情况下订立或者变更劳动合同的；

（二）用人单位免除自己的法定责任、排除劳动者权利的；

（三）违反法律、行政法规强制性规定的。

对劳动合同的无效或者部分无效有争议的，由劳动争议仲裁机构或人民法院确认。

无效劳动合同从订立之日起就没有法律约束力，不受法律的保护。但这并不是说，所有的无效劳动合同，其合同的全部条款都是无效的。有的劳动合同只是部分条款失效，其余条款仍然有效，对于这类劳动合同，应当根据无效的程度和范围区别对待，不能一概而论。如果其无效部分的条款并不影响其余部分条款的效力，则其余部分仍应视为有效。例如，有的劳动合同规定的工作岗位、工资、保险福利、争议处理等条款均符合国家法律法规的规定，仅工作时间条款规定过长，超过了国家法定工作时间，这种劳动合同属于部分无效劳动合同，可按《中华人民共和国劳动法》或《中华人民共和国劳动合同法》规定对有关条款进行修改，其余条款仍可继续执行。

### 五、解除就业协议

为了维护"就业协议书"的严肃性和学校的声誉，毕业生与用人单位签订"就业协议书"后，毕业生和用人单位都应认真履行协议。倘若毕业生因特殊原因要求违约，应承担违约责任。已签订"就业协议书"的毕业生，如要违约，需办理解约手续。具体步骤为：

（一）到原签协议书的单位办理书面同意的解约函（盖单位公章）。

（二）向学校毕业生就业工作部门提出书面申请（阐明解约理由），并附上单位及上级人事主管部门审核同意的解约函，交学校毕业生就业工作部门。

（三）学校毕业生就业工作部门根据有关规定审批换发新的"就业协议书"。

就业协议的解除分为单方解除和双方解除。

单方解除包括单方擅自解除和单方依法或依协议解除。单方擅自解除协议属违约行为，解约方应对另一方承担违约责任。单方依法或依协议解除是指一方解除就业协议有法律上的或协议上的依据，如学生未取得毕业资格，用人单位有权单方解除就业协议；毕业生录用之后，可解除就业协议；或依协议规定，毕业生未通过用人单位所在地组织的公务员考试，用人单位有权解除协议。此类单方解除，解除方无须对另一方承担法律责任。

毕业生、用人单位协商一致，取消原订立的协议，使协议不发生法律效力，此类属于双方解除就业协议，是双方当事人真实意思表达一致的体现，双方均不承担法律责任。双方解除应在就业计划上报主管部门之前进行，如就业派遣计划下达后双方解除，还须经主管部门批准办理调整改派。

### 六、违约

"就业协议书"一经毕业生和用人单位签署、学校审查同意即具有法律效力，双方应严格履行协议内容，任何一方单方面提出终止协议，即构成违约。

毕业生和用人单位双方应严格履行就业协议内容，任何一方不得擅自解除，否则违约方应向守约方承担违约责任。毕业生与用人单位签订"就业协议书"后，由于某种特殊原因和情况，毕业生不能或不适合到已签约的用人单位工作，毕业生本人可以提出违约；但是，违约权利的行使要依照"就业协议书"中违约条款的规定进行。因为违约条款对违约的行为有约束，毕业生违约必须遵守违约条款，不能随意违约。目前，毕业生通过各种方式与用人单位"供求见面"，实现"双向选择"。这些毕业生一旦和用人单位达成就业意向并进一步考察完毕后，双方的关系就以"就业协议书"的形式固定下来。

劳动合同依法订立即具有法律约束力，违约责任的承担方式可以约定两种形式：第一种赔偿损失的方法，即约定由违约一方赔偿给造成经济损失的对方；第二种是约定违约金，采用这种方式应当注意根据职工一方的承受能力来约定具体金额。违约责任分两种：

### （一）用人单位的违约责任

根据《中华人民共和国劳动合同法》第八十七条规定：用人单位违反本法规定解除或者终止劳动合同的，应当依照本法第四十七条规定的经济补偿标准的二倍向劳动者支付赔偿金。

### （二）劳动者的违约责任

根据《中华人民共和国劳动合同法实施条例》第二十六条规定：用人单位与劳动者约定了服务期，劳动者依照劳动合同法第三十八条的规定解除劳动合同的，不属于违反服务期的约定，用人单位不得要求劳动者支付违约金。

## 任务评价

完成任务 8-3 的学习之后，请大家从课堂参与、实践内化、价值认同三个维度进行任务评价。注意，表 8-6 采用赋分制，每一项的分值为 0～25 分，请你根据实际的情况为自己赋分。同时，对本学习任务的知识内容等进行复盘，将自己的反思与总结写在表 8-6 内。

表 8-6 维护就业权益的任务评价

| 任务评价点 | | 赋分 | 反思与总结 |
| --- | --- | --- | --- |
| 课堂参与 | 能积极、认真地完成任务 | | |
| 实践内化 | 学会维护自己的就业权益 | | |
| | 熟悉相关的法律法规 | | |
| 价值认同 | 能正确认识就业权益的价值 | | |
| 总分 | | | |

## 课后练习

1. 根据某公司的招聘广告，结合自身实际制作一份简历。
2. 关注有关求职面试的电视节目，对应聘者的回答进行评判，并尝试给出更好的答案。

3. 以小组为单位，各自抽签确定自己面试演讲的题目和内容，然后用10分钟左右的时间打腹稿，再开始演讲。

4. 访谈2～3个已参加工作的师兄或师姐，请他们谈谈刚刚毕业时，在签协议或劳动合同时碰到过哪些问题，又是如何解决的。

## 应用案例 ▸▸▸

### 建筑经济管理专业李同学的面试成功之路

李同学是杭州某高职院校建筑经济管理专业的应届毕业生，毕业前夕到杭州某房产公司求职。现场有一群应聘者，他低头时发现地面上有许多白纸，有些被人踩在脚下，他弯腰捡起一张，发现是质地很好的复印纸，于是一张张捡起来，一会儿工夫就拣了厚厚的一沓。

这时，一个西装革履的中年人走过来拍拍李同学的肩膀说："小伙子，你是来应聘的吧？怎么不去前台？"李同学回答说："太浪费了，这么好的纸扔在地上任人践踏，不知老板是怎么管理的，这样浪费下去准有破产的一天！"中年人笑着说："我是该公司的负责人，你通过面试了，我相信你会成为一名优秀的置业顾问。"

考场有形，但考核无处不在。最容易被忽略的细微之处，更能真实反映一个人的内在精神和素质。有些毕业生非常重视正规的面试，提前做好充分准备，这是人之常情；但如果只注重有形考场，而忽略"无形"的考核，恐怕失败了也不知道原因所在。

# 参考文献

［1］马建富．职业教育学［M］．3版．上海：华东师范大学出版社，2023．
［2］戴裕崴．高职生职业生涯规划与就业创业指导［M］．5版．北京：高等教育出版社，2022．
［3］王培俊．职业规划与创业体验［M］．4版．北京：高等教育出版社，2021．
［4］何霞，方慧．职业生涯规划实战体验手册［M］．北京：机械工业出版社，2021．
［5］苏文平．职业生涯规划与就业创业指导［M］．3版．北京：中国人民大学出版社，2023．
［6］许秀娟，刘雅．大学生职业生涯规划［M］．2版．北京：人民邮电出版社，2019．